Der Autor

Der österreichische Philosoph und Religionswissenschaftler Volker Zotz, 1956 in Landau in der Pfalz geboren, promovierte in Wien und wurde an der Universität des Saarlandes habilitiert. Er arbeitete nach einer Lehrtätigkeit an der Universität Wien in verschiedenen Ländern Süd- und Ostasiens. So war er nach Aufenthalten in Indien von 1989 bis 1999 an den japanischen Universitäten Ryûkoku und Ôtani in Kyôto sowie Risshô in Tôkyô beschäftigt. In Asien setzte er sich in Theorie und Praxis mit dortigen philosophischen und spirituellen Traditionen auseinander, wovon zahlreiche Veröffentlichungen zeugen. Seit 1999 lehrt er an der Université du Luxembourg und widmet sich zudem interkulturellen Forschungs- und Bildungsprojekten. Von Volker Zotz erschienen unter anderem folgende Bücher: *Der Buddha im Reinen Land. Shin-Buddhismus in Japan* (1991) *Geschichte der buddhistischen Philosophie* (1996), *Auf den glückseligen Inseln. Buddhismus in der deutschen Kultur* (2000), *Mit Buddha das Leben meistern* (7. Aufl. 2006), *Buddha* (2005), *Konfuzius für den Westen* (2007). Weitere Informationen zum Autor: www.volkerzotz.eu

Der Herausgeber

Kurt Krammer, 1947 in Grünau im Almtal (Oberösterreich) geboren, leitet das Buddhistische Religionspädagogische Institut in Salzburg, dessen Gründung er 2001 initiierte. Er schloss 1973 seine Studien der Geschichte, der Englischen Sprache und Literatur an der Universität Salzburg als Magister der Philosophie ab und arbeitete als Lehrer in London, Oberndorf, Southampton und Salzburg. Durch seine Studien zur amerikanischen Literatur des 20. Jahrh. und Berichte über den Widerstand buddhistischer Mönche im Vietnamkrieg wurde er auf den Buddhismus aufmerksam. Seit den achtziger Jahres beschäftigt er sich in Praxis und Theorie mit dessen Traditionen, besonders dem Zen (Kôan-Praxis bei Jôshu Sasaki Roshi und Genro Seiun Oshô). Kurt Krammer leitet seit 1992 die Zen-Gruppe Salzburg, ist seit 1994 Vorsitzender der Buddhistischen Gemeinschaft Salzburg und seit 2005 Vizepräsident der European Buddhist Union. Als Fachinspektor oblag ihm zwischen 2000 und 2003 die Supervision des buddhistischen Religionsunterrichtes an den öffentlichen Schulen Österreichs.

Kairos Edition 2007
Copyright © 2007 by Kairos a.s.b.l. – Luxembourg
Kairos Edition
16, rue de la montagne
L-8386 Koerich - Luxembourg
Tel/Fax 00352 26259415

www.kairos.lu
info@kairos.lu

Umschlag: Der Bodhisattva Kannon, die Verkörperung der Liebe und des Mitleids des Buddha Amida (japanische Tempelplastik)

Herstellung: BOD GmbH, Norderstedt
ISBN-10   2-9599829-6-7
ISBN-13   978-2-9599829-6-5

Volker Zotz

DIE SUCHE NACH EINEM SOZIALEN BUDDHISMUS

FRIEDRICH FENZL UND JÔDO SHINSHÛ

Als Festgabe für Friedrich Fenzl
zum 75. Geburtstag am 4. November 2007
im Auftrag von

Buddhistische Gemeinschaft Salzburg

Buddhistisches Religionspädagogisches Institut
der Österreichischen Buddhistischen Religionsgesellschaft

European Buddhist Union (Paris)

Kômyôji - Eurasischer Humanismus
& Interkulturelle Spiritualität

herausgegeben von

Kurt Krammer

KairosEdition

Inhalt

Zur Einführung	10
Flucht und Suche	17
Begegnung mit dem Buddhismus	21
Der Weg ins Mahâyâna	29
Harry Pieper	35
Japan	43
Der Ethiker	51
Soziale Arbeit	59
Visionen	67
Anmerkungen	72
Anhang	**77**
Bibliographie	78
Buddhistische Gemeinschaft Salzburg	81
Buddhistisches Religionspädagogisches Institut	83
Europäische Buddhistische Union	85
Kômyôji	88

Friedrich Fenzl (2006)

"Wir modernen westlichen Menschen nehmen alles zu selbstverständlich. In unserem Ich-Dünkel, in unserer faustischen Überheblichkeit, der scheinbaren völligen Unabhängigkeit und des präpotenten Anhaftens an unserer irdischen Allmacht, übersehen wir eine wichtige Eigenschaft echter Religiosität, die mit einem Wort umschrieben wird, das vielleicht in den Ohren vieler unserer Zeitgenossen altmodisch, aus der Mode gekommen klingen mag: nämlich Demut."

Friedrich Fenzl

Zur Einführung

Wer sich in Europa über die spirituellen Kulturen Süd- wie Ostasiens, den Buddhismus, Daoismus oder Konfuzianismus informieren möchte, findet heute eine Vielzahl an Möglichkeiten. Der Buchmarkt hält ein inzwischen unübersehbares Sortiment zu diesen Themen auf jedem denkbaren Niveau bereit, wobei das Spektrum von nach wissenschaftlichen Kriterien übersetzten Quellentexten über fundierte Sachbücher und praxisorientierte Werke bis zu unterhaltsamer Lektüre reicht. Allein das Internet bietet ein schier unerschöpfliches Reservoir an leicht zugänglichen Materialien.[1]

Dazu kommen nahezu flächendeckend Lehrstätten und Zentren, die praktische Schulungen erlauben. Ob buddhistische Meditation nach südasiatischen, tibetischen oder japanischen Methoden, ob Qi Gong oder Taiji, fast in jeder etwas größeren europäischen Stadt bestehen Gelegenheiten, auf authentischer Grundlage kontemplative Traditionen aus Asien kennen zu lernen.

Die Fülle inzwischen gebotener Möglichkeiten lässt leicht vergessen, dass diese Situation einer Entwicklung der beiden letzten Jahrzehnte entspringt. Obwohl der Buddhismus seit dem 19. Jahrhundert im deutschsprachigen Raum zunehmend Beachtung in Wissenschaft wie intellektuellen Kreisen fand und zudem einzelne Anhänger gewann, blieb er breiteren Kreisen bis ins ausgehende 20. Jahrhundert weitgehend fremd.[2] Als der Indologe Hans Wolfgang Schumann 1974 eine Darstellung des Buddhismus in Deutschland vorlegte, zählte er "buddhistische Gruppen" in gerade einmal 15 deutschen Städten.[3] Manche von diesen bestanden lediglich aus wenigen Interessierten, die sich gelegentlich zum Gedankenaustausch trafen.

Wer sich wie der Verfasser dieser Zeilen vor nunmehr 35 Jahren ernsthaft mit dem Buddhismus auseinandersetzen wollte und damals in keiner Universitätsstadt wohnte, hatte mit mancher Schwierigkeit zu kämpfen. Die zugänglichen Bücher waren beschränkt, Gesprächspartner nicht vorhanden oder rar, ganz davon abgesehen, dass vielen Zeitgenossen eine Beschäftigung mit Inhalten anderer Kulturen suspekt war, solange - wie dies inzwischen der Fall ist - die Zuwanderung von Menschen außerhalb Europas sie nicht dazu zwang.

Zudem klammerten die meisten der wenigen am Buddhismus Interessierten das Mahâyâna aus, mit dem ich mich allerdings gleichermaßen wie mit dem Theravâda beschäftigen wollte. Die in China, Tibet und Japan verbreiteten Varianten des Buddhismus galten oft noch als volkstümliche Verwässerungen der reinen buddhistischen Philosophie, die sich mehr oder weniger nur in Sri Lanka, Thailand und Birma bewahrt hätte.

Umso dankbarer war ich, als es mir doch gelang, ab 1970 auf Einzelne zu treffen, die mir weiterhalfen. Durch Briefwechsel kam ich in Kontakt mit dem gebürtigen Deutschen Ernst Lothar Hoffmann (1898-1985), der als Lama Anagarika Govinda in Indien lebte, und dem ich nach folgenden Begegnungen bis zu seinem Tod eng verbunden blieb. Unter seinen deutschen Schülern fand ich Menschen, darunter Ernst Pagenstecher und Karl Heinz Gottmann, die das Suchen eines Kindes, das ich damals noch war, ernst nahmen.

Ein viel beachtetes Ereignis war in diesen Kreisen die 1972 durch den Wiener Buchhändler Erich Skrleta erfolgte Herausgabe eines Katalogs über *Buddhismus und Grenzgebiete*. Auf 134 Seiten bot dieser eine Bibliographie fast aller in Deutsch erhältlichen einschlägigen Werke. Quellentexte und Wörterbücher, Interpretationen und Dichtungen waren dank Erich Skrletas akribischer und Jahrzehnte vor dem Internet ungemein schwieriger Rechercheleistung nun sorgsam an einem Ort aufgelistet. Fragen nach Lehrbüchern zum Selbststudium des Pâli oder Sanskrit und der Übersetzung eines buddhistischen Textes aus Japan, die meinem Kleinstadtbuchhändler nur ein Achselzucken entlockten, waren plötzlich leicht zu beantworten.

Regelmäßig verschickte Katalogergänzungen der Buchhandlung enthielten auch inhaltliche Beiträge. In solchen begegnete ich erstmals dem Namen Friedrich Fenzl, wobei mich zwei außergewöhnliche Umstände aufmerken ließen: Dieser Mann unterhielt enge Beziehungen zu Vertretern des Mahâyâna in Japan, beschränkte sich allerdings nicht auf Zen, das sonst im Fokus des Interesses stand. Sodann kreisten seine Überlegungen vielfach um die Relevanz buddhistischer Religiosität für den sozialethischen Diskurs, eine Ausnahme in jenen Tagen, als der von Thich Nhat Hanh geprägte und heute geläufige Begriff des "engagierten Buddhismus" noch keine Rolle spielte.

Bald begann ein Briefwechsel, der auch zu persönlichen Treffen führte. Zudem unterhielten wir beide Kontakte zu Harry Pieper (1907-1978), der zum frühen europäischen Schülerkreis des Lama Anagarika Govinda gehörte, sich dann auf die japanische buddhistische Schule Jôdo Shinshû konzentrierte und für Friedrich Fenzl zu einem Lehrer wurde.

Friedrich Fenzl, ein unermüdlicher Korrespondent, pflegte schon Jahre bevor die große Welle der Fernreisen einsetzte intensive Beziehungen zu vielen Freunden in Asien, besonders in Japan und Taiwan. Zahlreiche Publikationen zu buddhistischen Themen, die sonst in Europa gar nicht zu erhalten waren, fanden darum in den sechziger und siebziger Jahren aus aller Welt ihren Weg in seine kleine Salzburger Wohnung. Diese wurde so zum Umschlagplatz interkulturellen Wissens, wovon er mich reichlich profitieren ließ. Immer wieder halfen mir in jungen Jahren dicke Postsendungen Friedrich Fenzls, die Materialien aus Japan, anderen Ländern Asiens und Amerika enthielten, unschätzbar bei meiner Auseinandersetzung mit buddhistischen Themen.

Unser Briefwechsel setzte sich in späteren Jahren und Jahrzehnten fort, als er mich wiederholt als Referent nach Salzburg einlud, wir einander bei Konferenzen trafen und manche schöne Begegnung mit gemeinsamen japanischen Freunden genossen.

Dass wir oft von sehr unterschiedlichen Perspektiven ausgingen und darum bei weitem nicht in allen Dingen dieselbe Auffassung teilten, tat meiner Wertschätzung für Friedrich Fenzl keinen Abbruch. Die Beharrlichkeit, mit der er seinem Weg trotz aller Widrigkeiten treu blieb, seine tiefe Ernsthaftigkeit als religiöser Mensch und seine liebenswürdige Hilfsbereitschaft hinterließen bei mir einen unauslöschlichen Eindruck. Wenn die Auseinandersetzung mit dem Buddhismus zur wichtigen Station in meinem Leben und dieser zu einem bleibenden Bezugspunkt werden durfte, verdanke ich dies nicht zuletzt Menschen wie ihm.

Darum und aus persönlicher Verbundenheit für manchen Impuls in jungen Jahren ist es mir eine Freude, diese Schrift als kleines Zeichen der Würdigung zu Friedrich Fenzls 75. Geburtstag vorzulegen. Der Jubilar mag symbolisch für jene wenigen Menschen stehen, die früh spürten, dass das Zusammenwachsen der Welt mehr bedeuten sollte, als eine Globalisierung des Konsums und Kommerzes, nämlich ein bereicherndes Lernen von Kulturen, Denkweisen und Religionen, die außerhalb der vertrauten Sphären entstanden.

Der hier skizzierte Lebensweg muss sich auf einige Streiflichter und charakteristische Stationen beschränken. Angaben zu Friedrich Fenzl und seinem Werdegang, die nicht durch Quellenverweise belegt sind, entstammen meinen zahlreichen Gesprächen und der Korrespondenz mit ihm.

Der ursprünglich 1993 entstandene Text diente zur Einleitung eines Bandes, der charakteristische Aufsätze Friedrich Fenzls zusammenfassen sollte. Leider konnte das Projekt damals nicht verwirklicht werden, weshalb diese Lebensskizze unveröffentlicht blieb. Aus Anlass des runden Geburtstags durfte ich sie nun nochmals durchsehen, aktualisieren und ergänzen.

Herzlicher Dank geht an jene Institutionen, in deren Auftrag diese Schrift jetzt erscheint: die Buddhistische Gemeinschaft Salzburg, das Buddhistische Religionspädagogische Institut der Österreichischen

Buddhistischen Religionsgesellschaft, die European Buddhist Union (Union Bouddhiste Européenne, Paris) sowie Kômyôji - Eurasischer Humanismus & Interkulturelle Spiritualität.

Dem Herausgeber Kurt Krammer bin ich für zahlreiche Hinweise, die Beschaffung hilfreicher Materialien und das konstruktive Zusammenwirken bei den Vorbereitungen zur Veröffentlichung dieses Büchleins verbunden. Diesbezüglich gilt zugleich Friederike Migneco mein besonderer Dank. Birgit Hutter unterstützte die Durchsicht des ursprünglichen Manuskripts durch wertvolle Anregungen.

Tétange (Luxembourg), im Juli 2007   Volker Zotz

Friedrich Fenzl im Vorgarten des
Buddhistischen Zentrums Salzburg

Zisterzienserkloster Hohenfurth (Vyšší Brod), geistiger und kultureller Mittelpunkt im Leben der Region, in der Friedrich Fenzl seine Kindheit verbrachte

FLUCHT UND SUCHE

Häufig bieten die Kindheit und frühe Jugend einen wichtigen Schlüssel zum Verständnis des späteren Wirkens einer Persönlichkeit. Dies gilt gleichfalls für den am 4. November 1932 in Kienberg - heute Loucovice in Tschechien - geborenen Friedrich Fenzl. Der Geburtsort liegt in einer hügeligen Gegend im Böhmerwald am linken Ufer der Moldau. Im Norden umfließt der Strom von drei Seiten den über neunhundert Meter hohen Kienberg (Luc). Nordöstlich findet sich die durch Bedrich Smetanas gleichnamige romantische Opernkomödie berühmt gewordene Teufelswand (Certova stena), deren eindrucksvolles Steinmeer zum Tal der Moldau hin abfällt. Diese Umgebung friedlicher und erhabener Naturschönheiten, in der Friedrich Fenzl seine Kindheit verbrachte, wurde inzwischen zum nationalen Landschaftsreservat erklärt.

Bei seiner ersten urkundlichen Erwähnung im 14. Jahrhundert gehörte das Dorf Kienberg dem Kloster Hohenfurth (Vyšší Brod). Diese Zisterzienserabtei bildete noch zur Zeit der südböhmischen Kindheit Friedrich Fenzls das geistige, spirituelle und kulturelle Zentrum der Region mit erheblicher wirtschaftlicher Bedeutung. Die einflussreichste Persönlichkeit des Klosters und damit des ganzen Umlandes war Josef Jaksch (1885-1954), der mit seinem Ordensnamen Tecelin hieß. Von 1925 bis zur Aufhebung des Klosters durch die kommunistische Regierung (1950) stand er diesem als Abt vor.

Tecelin Jaksch erwarb sich bei der Bevölkerung große Achtung, als er der 1929 einsetzenden Weltwirtschaftskrise begegnete, indem er die Ausgaben für Bauprojekte am Kloster und in den zugehörigen Pfarreien steigerte. Diese Maßnahmen sicherten zahlreiche Arbeitsplätze und trugen trotz problematischer internationaler Lage zur Belebung der regionalen Ökonomie bei. Derart wuchs Friedrich Fenzl in einer Atmosphäre auf, in der von der Religion neben spirituellen Impulsen auch eine direkte soziale Verantwortung ausstrahlte.

Schon zuvor hatte der Fortschritt vor Kienberg nicht ganz Halt gemacht. Durch die Moldaumühle, eine große Papierfabrik, besaß das Dorf Anschluss an die Bahnstrecke von Budweis nach Linz.

Diese dennoch äußerlich stille und relativ heile Welt erlaubte dem kleinen Friedrich neben intensivem Naturerleben auch reiche innere Erfahrungen, die er später im Licht des Buddhismus deutete. So wies er unter anderem darauf hin, wie er "schon in allerfrühester Kindheit durch ein ungewöhnliches Ereignis - und das trotz anders gearteter religiöser Erziehung - mit der Problematik der Wiedergeburt und der Wiedergeburtserinnerung konfrontiert wurde".[4]

Kaum zu unterschätzen ist für Friedrich Fenzls Werdegang das in Kindertagen aufkommende Gewahrsein, Angehöriger einer Minorität zu sein. Zwar war Südböhmen mehrheitlich von Deutschsprachigen besiedelt, doch bildeten diese mit etwa 20 Prozent der Gesamtbevölkerung eine Minderheit in der Tschechoslowakei. Darum wurden mit deren Gründung 1918 Tschechisch und Slowakisch die Staatssprachen. Interkulturalität war ein wesentliches Element des Alltags.

In gesicherten Verhältnissen einer alten katholischen Familie erlebte der Sohn eines Berufsschuldirektors sieben unbeschwerte Kindheitsjahre. Dann wandelte sich nach dem Münchner Abkommen 1938 die Atmosphäre in Friedrich Fenzls Heimat durch den Anschluss an das nationalsozialistische Reich radikal. Als man den deutschsprachigen Teil Südböhmens dem seinerzeitigen "Gau Oberdonau" einverleibt hatte, wurde auch die Abtei Hohenfurth aufgehoben. Das zum größten Teil religiös bestimmte Wertebewusstsein seiner unmittelbaren Umgebung war plötzlich von nationalsozialistischer Indoktrination überschattet, die sich schon den Kindern aufdrängte. Dem Schüler Friedrich, der instinktiv empfand, wie man hier auf widerwärtige Weise Hass predigte, bedeutete diese politische Entwicklung einen schmerzhaften Bruch.

Die folgenden Jahre des Zweiten Weltkrieges mündeten für die deutschsprachige Bevölkerung Südböhmens statt in einer Befreiung in der Tragödie der Enteignung ihres Grundbesitzes und der erzwungenen wie teilweise gewaltsamen Vertreibung aus der Heimat.[5] Auch die Familie Fenzl wurde deren Opfer.

Friedrich Fenzl, der selten über Einzelheiten des Erlittenen sprach, resümierte nach fast drei Jahrzehnten die Zeit zwischen seinem siebten und vierzehnten Lebensjahr: "Ich bin im Bombenhagel gelegen, musste Exekutionen miterleben, bin um mein Leben gerannt (ich war zweimal in meinem Leben Flüchtling) und habe Hunger und Entbehrungen kennen gelernt."[6]

Nach der Flucht fand die Familie im Salzburger Land, wo sie zunächst in Kuchl wohnte, ein neues Zuhause. Die Schönheit der Landschaft um diese Marktgemeinde und der Blick auf schneebedeckte Berge konnten den naturverbundenen Jugendlichen zwar trösten, nicht aber erlittene Verluste vergessen lassen. So trieb ihn eine Unruhe zur Suche mit offenem Ende.

Wollte er die Welt nicht als absurd betrachten, was aufgrund der inneren Erfahrungen der Kindheit nicht in Frage kam, verlangte das selbst erfahrene und an anderen beobachtete Leid nach Erklärungen. Dieses Problem machte ihn in der Folge für die buddhistische Philosophie empfänglich, deren Ausgangspunkt das existentielle Erfahren des Leidens ist. Indem Friedrich Fenzl nach tieferen Dimensionen des Erlittenen fragte, führte ihn die Vertreibung aus dem südböhmischen Paradies seiner Kindheit nicht zum Wunsch nach Rache und Rückkehr, sondern zur Sehnsucht nach einer neuen heilen Welt, die über den Wechselfällen des Irdischen echte Sicherheit böte. Dieses religiöse Verlangen durfte sich ihm im Buddhismus der Schule des Reinen Landes erfüllen. Dass dieser ihm nie zum bloßen Jenseitsglauben werden konnte, mag nicht zuletzt an den Erfahrungen von Krieg, Totalitarismus und Vertreibung liegen, die ihn Zeit seines Lebens sensibel für die Ungerechtigkeiten der Welt machten.

Darum, so wird es Friedrich Fenzl später oft symbolhaft umschreiben, sollte das Licht des Buddha Amitâbha (jap.: Amida) aus dem Reinen Land all jenen scheinen, die man ins Dunkel des gesellschaftlichen Abseits drängte. Hiermit hängt seine unermüdliche Sorge um das Schicksal von gesellschaftlichen Außenseitern und Randgruppen zusammen, etwa das Engagement für Strafgefangene und Flüchtlinge. Auch dass ihm der Schutz von Umwelt und Natur ein wichtiges Anliegen wurde, lässt sich vor dem Hintergrund der Spannung des verlorenen Paradieses und der Sehnsucht nach dem Reinen Land sehen, das ebenso religiöse Hoffnung wie Sinnbild einer geheilten Welt ist.

Doch Friedrich Fenzl sollte den Buddhismus und die Schule vom Reinen Land erst nach einigen Jahren der Suche als die Leitmotive seines Lebens entdecken. Sein Lesen und Nachdenken führte ihn dabei in unterschiedliche Richtungen. Durch die interkulturelle Situation der Kindertage hatte er die Relativität eigener Selbstverständlichkeiten erfahren. So gab es keine Hemmungen, weit über das Vertraute hinauszublicken, weil er auch im Geistesleben Indiens, Chinas und Japans Angebote zur persönlichen Orientierung vermuten durfte.

BEGEGNUNG MIT DEM BUDDHISMUS

Der entscheidende Wendepunkt trat in Friedrich Fenzls Leben ein, als er 1949 in der Salzburger Studienbibliothek, der heutigen Universitätsbibliothek, ein 1888 erschienenes Buch mit dem Titel *Buddhistischer Katechismus* fand.[7] Der Autorenname Subhádra Bhikshu, den der Siebzehnjährige auf dem Buch las, war ein Pseudonym des Mathematikers Friedrich Zimmermann (1852-1917). Dieser kam durch die Lektüre Arthur Schopenhauers zur Beschäftigung mit dem Buddhismus. Weil seine Gesundheit es nicht zuließ, Mönch in Asien zu werden, widmete er sich literarisch der Lehre Gautamas. Zimmermanns Katechismus, der zu Lebzeiten des Autors dem Buddhismus manchen Freund in gebildeten Kreisen gewann, erfuhr zwischen 1888 und 1921 insgesamt 14 Auflagen. Als Friedrich Fenzl das Buch nach dem Zweiten Weltkrieg für sich entdeckte, war es jedoch im Buchhandel schon lange vergriffen und weitgehend vergessen.

Zimmermann präsentierte eine nüchterne buddhistische Lehre, die - wie es im Vorwort zu sechsten Auflage 1898 heißt - "frei von Dogmen und Formwesen, im Einklang mit der Natur und ihren Gesetzen, die höchsten, Geist und Herz gleichermaßen befriedigenden Wahrheiten in so einfachem Gewande enthält, dass sie selbst dem bescheidenen Verstande fassbar sind, und dabei doch von einer Tiefe, die auch von dem philosophisch und wissenschaftlich gebildeten, mit allen seinen geistigen Errungenschaften einer hochgesteigerten Kultur ausgerüsteten Europäer nicht leicht ergründet werden kann."

Friedrich Fenzl sprach an, dass der Buddhismus in Zimmermanns Darstellung an die Selbstverantwortlichkeit appelliert: Niemand gilt als Opfer eines ungerechten Schicksals. Vielmehr soll er bei allem Leid, das ihm widerfährt, stets fragen, wodurch er selbst zu dessen Entstehen beitrug, und wie er es im eigenen Denken, Reden und Handeln überwinden kann. Statt zu jammern und andere für sein Los verantwortlich zu machen, nimmt man sich vor, im eigenen Leben am

Buddhistischer Katechismus

zur

Einführung in die Lehre des Buddha Gáutama.

Nach den

heiligen Schriften der südlichen Buddhisten
zum Gebrauche für Europäer zusammengestellt
und mit Anmerkungen versehen

von

Subhádra Bickshu.

BRAUNSCHWEIG,
C. A. SCHWETSCHKE UND SOHN
(E. APPELHANS).
1888.

Friedrich Zimmermanns Katechismus
interessierte Friedrich Fenzl am Buddhismus

Abbau von Gier, Hass und Verblendung zu arbeiten. Dann bewahrt man in allen Wechselfällen eine gleichmütige Heiterkeit und Gelassenheit, die es erlaubt, sogar denen gegenüber mitleidig und freundlich zu bleiben, die einem übel wollen.

Dieser Weg, der philosophisches Studium, ethisches Bemühen und Meditation umfasst, sprach Friedrich Fenzl als überzeugende Antwort auf alle ihn quälenden Fragen an. Doch schien er zu anspruchsvoll, um ihn allein und ohne Anleitung zu beschreiten. Immer wieder blätterte Friedrich Fenzl über Jahre auf dem Postamt die Telefonbücher in der Hoffnung durch, irgendwo auf eine ihm erreichbare buddhistische Gemeinde zu stoßen. Aber jeder Versuch der Recherche endete in einer Enttäuschung.

Tatsächlich gab es damals in Wien schon buddhistisch Interessierte, die sich in kleinen Kreisen zusammenfanden. Eine solche Gruppe mit vier Angehörigen traf sich seit 1946 in der Wohnung des Arztes Anton Kropatsch (1897-1971).[8] Schon vor der Zeit, in der Friedrich Fenzl Telefonverzeichnisse studierte, hätte Kropatsch den Buddhismus gerne in allgemein zugänglichen Vorträgen in Räumen seines Krankenhauses öffentlich vorgestellt. Doch gab er auf, wie ein Teilnehmer berichtet, weil er nicht das erwünschte Echo fand:

"Die Vorträge in dieser Klinik besuchten aber nur Ärzte, die sowieso Dienst hatten und gerade mal etwas Zeit erübrigen konnten. Sie hörten sich Primarius Kropatsch an, kritisierten dann aber, was der Buddha ihrer Meinung nach noch hätte erklären müssen. Obwohl sie vom Buddhismus nicht mehr verstanden als ein Abiturient, hielten sie für Primarius Kropatsch ihrerseits eine Lehrrede über Buddhismus. Das wurde ihm tatsächlich zu einer Lehre! Schon nach drei Vorträgen sagte er alle weiteren ab. Diese Ärzte waren ganz offensichtlich viel zu sehr in intellektuellen Vorurteilen befangen und glaubten alles besser zu wissen. Anstatt sich erst einmal die Grundzüge der Lehre des Buddha vorurteilsfrei anzuhören, versuchten sie sich mit unsachlicher Kritik hervorzutun. Das war nicht die richtige Hörerschaft für Kropatsch! Er setzte daher seine Vorträge und Diskussionen in der Privatwohnung fort - das war viel ergiebiger."[9]

In der Phase des Aufbaus nach dem Zweiten Weltkrieg standen für die meisten Menschen materielle Interessen weitgehend im Vordergrund. So war es sicher "ergiebiger", die Lehre des Buddha unter Gleichgesinnten zu ergründen, als sich wenig fundierter Skepsis auszusetzen. Doch dauerte es durch den Rückzug von öffentlichem Wirken noch ein paar Jahre, bis Friedrich Fenzl zu dieser Gruppe stoßen konnte. Erst als 1955 Fritz Hungerleider (1920-1997) die Präsidentschaft der unter anderem aus Kropatschs Kreis hervorgegangenen Buddhistischen Gesellschaft Wien übernahm, entstand dem Buddhismus in Österreich eine zwar immer noch beschränkte, doch interessierte Öffentlichkeit.

Hungerleider hatte beim Anschluss seiner Heimat an das Deutsche Reich 1938 wegen jüdischer Abstammung fliehen müssen. Er kam bis nach China, wo er neun Jahre lebte und zum Buddhisten wurde. Wieder in Wien fand er bald Anschluss an die kleine Buddhistische Gesellschaft. Nachdem er deren Leitung übernahm, hielt er allgemein zugängliche Vorträge und veranstaltete vertiefende Seminare.

War der Kreis zuvor stark am Theravâda orientiert, setzte Hungerleider aus seiner Nähe zum chinesischen Mahâyâna zusätzliche Akzente. Zudem wollte er neben der theoretischen Beschäftigung, die bei europäischen Buddhisten jener Tage Vorrang genoss, den Aspekt der Meditation stärker berücksichtigen. Aus diesem Grund unterzog er sich 1961 im Zen-Kloster des Daitokuji in Kyôto, einem Haupttempel der Rinzai-Schule, einer praktischen Schulung.[10]

Friedrich Fenzl, der 1955 zur Buddhistischen Gesellschaft stieß, empfand ebenfalls ein Unbehagen angesichts der weitgehenden Beschränkung auf intellektuelle Beschäftigungen: "Ich muss gestehen, dass ich als junger und unerfahrener Mensch mich manchmal sehr allein unter diesen hoch gebildeten Herren fühlte, obwohl ich ihre Gelehrsamkeit und die Gewandtheit ihrer Rede bewunderte."[11]

Doch war er glücklich, dass er endlich - wenn auch im fernen Wien - Anschluss fand. Denn von "der Mehrheit der Nicht-Buddhisten als Exzentriker und Eigenbrötler belächelt und bespöttelt, hatte man kaum gleich gesinnte Freunde, mit denen man sich aussprechen und die einem Mut und Zuversicht auf dem eingeschlagenen spirituellen Weg hätten geben können." Allerdings nahm zugleich das Gewahrsein zu, ein Außenseiter zu sein. Dieses ergab sich schon aus der Situation in Kuchl. "Ich lebte damals in einem kleinen, tief-katholischen Marktflecken bei Salzburg. Auf Bitten meiner Mutter, die eine gesellschaftliche Isolation befürchtete, wenn publik würde, dass ihr Sohn ein 'Abtrünniger' und Anhänger einer 'heidnischen' Religion ist, ließ ich meine gesamte buddhistische Post auf ein anonymes Postschließfach in einer nahen Großstadt senden."[12]

Rücksicht bedeutete für Friedrich Fenzl allerdings keinen Rückzug. Früh kam er zur Überzeugung, dass die Verantwortung, in die der Buddhismus den Menschen stellt, gesellschaftliches Engagement verlangt. Für ihn verpflichtete ein selbst gewähltes Außenseitertum, das einen aus anderer Perspektive manches deutlicher erkennen lässt, zum Wirken für die Gemeinschaft.

So reihte er sich von 1956 bis 1960 unter die Aktivisten der Friedens- und Antiatomkriegsbewegung. Aktuelle Ereignisse wie der sich verschärfende "kalte Krieg" zwischen den Vereinigten Staaten und der Sowjetunion, das Wettrüsten und Spekulationen um eine atomare Bewaffnung Westdeutschlands, verstärkten seine Sorge, andere könnten - womöglich in härterer Form - erleiden, was ihm in Kindheit und Jugend widerfuhr. So nahm er, als Bücher wie Robert Jungks *Heller als tausend Sonnen* (1956) und *Strahlen aus der Asche* (1958) Einfluss gewannen, regen Anteil an Bewegungen wie "Kampf dem Atomtod" und den Ostermärschen für Demokratie und Abrüstung. In den frühen sechziger Jahren verlagerte sich der Schwerpunkt seiner gesellschaftlichen Aktivität auf Vorträge und Diskussionen, in denen er Bestrebungen für die Wiedereinführung der Todesstrafe entgegentrat.

Der Buddha Amitâbha (Amida) wendet sich den Menschen zu, für Friedrich Fenzl ein sozialer Auftrag

Dass ihm der Buddhismus zum Motor sozialen Wirkens wurde, liegt nicht zuletzt an der Schule vom Reinen Land, die er im Kreis der Wiener Buddhisten kennen lernte. In ihr erkannte er für sich die unverzichtbare andere Seite jenes philosophischen Buddhismus, wie ihn Zimmermann und mit Kropatsch die meisten im Wiener Kreis vertraten. Zur Selbsterkenntnis und dem Erlöschen von Gier, Hass und Verblendung, von dem der alte Buddhismus sprach, musste für Friedrich Fenzl der Einsatz für das Wohl anderer treten. Ohne den grundlegenden Wert des alten Buddhismus zurückzuweisen, fand er zum Mahâyâna.

Heinrich Hackmann veröffentlichte 1924
das *Longshu jingtu wen* des Wang Rixiu

DER WEG INS MAHÂYÂNA

Als erstes Mitglied der Buddhistischen Gesellschaft Wien traf Friedrich Fenzl noch vor seiner Begegnung mit Fritz Hungerleider deren Sekretär Franz Zouzelka (1923-1965).

Der Ingenieur Zouzelka war als Soldat im Zweiten Weltkrieg durch eine Handgranate schwer verwundet worden und hatte ein Bein verloren. Körperlich schwach und geistig niedergeschlagen, suchte er im Armeekrankenhaus Trost im Lesen. In der Bibliothek des Lazaretts fand sich ein Buch des protestantischen Theologen Hans Haas: *Amida Buddha - Unsere Zuflucht*.[13] Das Werk enthält Quellentexte der Schule vom Reinen Land. Zu ihr gehört die "Wahre Lehre vom Reinen Land" (Jôdo Shinshû) des Meisters Shinran (1173-1262), dessen Worte Zouzelka bei der Lektüre tief bewegten.

Shinran folgt Motiven des indischen Mahâyâna vom Bodhisattva Dharmakâra, der nach langem Streben zum Buddha Amitâbha wurde, den man in Japan Amida nennt.[14] In das von allen Mängeln freie Reine Land dieses Buddha kann jedes Wesen, das sich danach sehnt, nach dem Tod gelangen, wenn es nur einmal an ihn denkt oder die verehrenden Worte *Namu Amida Butsu* spricht. Im Reinen Land wird man durch die Belehrung des Buddha von Gier und Hass und Verblendung befreit, um schließlich als Helfer anderer in die Welt zurückzukehren.

Wie viele Meister des chinesischen und japanischen Buddhismus bevorzugte Shinran dieses auch Ungebildeten als Heilsziel leicht fassbare Bild vom Buddha im Reinen Land gegenüber philosophischen Definitionen der Erlösung: Amida ermöglicht dem Anhänger, in der Hingabe an ihn, also an ein den Menschen übersteigendes Größeres, die Überwindung der Beschränkungen des Ich. Versuche, durch gute Taten und Meditation aus eigenem Vermögen die Befreiung zu erlangen, stärken leicht die Fixierung auf sich selbst. Statt seine Grenzen zu überschreiten, festigt man sie im Glauben an die eigene Fähigkeit.

Die für die Hingabe an Amida notwendige Sehnsucht nach der Geburt im Reinen Land wertet Shinran darum nicht als eigene Leistung, sondern als eine vom Buddha verliehene Gabe. Der Mensch wäre aus sich heraus zur Sehnsucht nach Höherem unfähig. Sogar wenn er ausführlich von den Vorzügen der Befreiung hörte, ließen ihn Verstrickungen in Gier, Hass und Verblendung das Verlangen nach dieser nicht lange aufrechterhalten. Bereits der Wunsch nach dem Ganz Anderen, das unsere Schranken übersteigt, ist für Shinran ein Wirken dieses Anderen.

In Shinrans Tradition heißt es daher, dass man nicht aus "eigener Kraft" (jap.: *jiriki*), sondern der "anderen Kraft" (jap.: *tariki*) die Befreiung erfährt: Der Buddha gibt das höhere Ziel vor, wodurch er im Menschen die Erkenntnis der eigenen Ohnmacht und die Hingabe an ihn auslöst. Auf diese Weise wendet sich nicht der Mensch dem Buddha zu, sondern der Buddha wendet den Menschen zu sich hin, er "ruft" ihn, wie es in vielen Texten heißt.

In dem Buch, dessen Lektüre Franz Zouzelka zum Schlüsselerlebnis wurde, nimmt der Theologe Hans Haas die Perspektive eines Anhängers der Schule vom Reinen Land ein, wenn er fragt: "Prüfen wir unser eigenes Innere, so findet sich, es ist weit davon entfernt, rein und wahrhaftig zu sein, es ist vielmehr böse und abscheulich, falsch und heuchlerisch. Wie sollten wir imstande sein, durch unsere eigene Kraft alle unsere Leidenschaften zu ertöten und das Nirvâna zu erreichen?" Und er antwortet: "So sollten wir denn, in Erkenntnis der ganzen Ohnmacht unserer eigenen Kraft, einfach auf den stellvertretenden Kraftbeistand unser Vertrauen setzen, der sich in dem vorzeitlichen Gelöbnis uns bietet. Tun wir das, bekommen wir Teil an Buddhas Weisheit und werden selber auch erfüllt von seiner großen Barmherzigkeit, geradeso wie das Wasser der Flüsse salzig wird, sobald es in den Ozean eingemündet ist."[15]

Zouzelka wurde von dieser Lehre, die den Menschen in seiner Schwäche und seinem Unvermögen ansprach, tief berührt. Zur weiteren Beschäftigung mit dem Buddhismus vom Reinen Land standen ihm - wie später Friedrich Fenzl - zunächst keine Darstellungen von buddhistischer Seite zur Verfügung, sondern Werke und Quellenübersetzungen mehrerer protestantischer Theologen. Diesen bedeutete Shinrans Lehre eine Herausforderung, denn die Befreiung durch die Kraft des Buddha sahen sie einem Motiv in den Theologien des Aurelius Augustinus und Martin Luthers verwandt: Nicht durch gute Werke und eigener Leistung entspringende Frömmigkeit wird der Mensch gerettet, sondern durch den ihm als Gnadengeschenk Gottes verliehenen Glauben.

Entsprechend war 1940 eine Studie über *Luthers Religion und ihre Entsprechung im japanischen Amida-Buddhismus* von Horst Butschkus erschienen, und Friedrich Heiler nannte Shinran wie Luther einen Lehrer von *sola fide* und *sola gratia*.[16] Einen wichtigen Beitrag lieferte der Theologe Heinrich Hackmann (1864-1935), der 1894 bis 1901 in China als Geistlicher arbeitete und dann bis 1904 in mehrjährigen Wanderungen das Reich der Mitte wie Gebiete in Tibet, Birma und Korea erkundete.[17] Unter seinen Büchern, die ein positives Bild vom Buddhismus Ostasiens wiedergeben, war für die Schule vom Reinen Land *Laien-Buddhismus in China* (1924) von starkem Interesse. Es handelt sich um die Übersetzung eines Traktats über Amitâbha und sein Land aus dem 12. Jahrhundert, das *Longshu jingtu wen* des Wang Rixiu.

Franz Zouzelka und Friedrich Fenzl konnten in diesem Buch lesen, wie die Verehrung des Amitâbha schon in China eine soziale Ausrichtung aufwies. Wie Hackmann in seiner Einführung herausstellte, gab in der Schule vom Reinen Land die "Betonung des Wertes der allgemeinen Liebe, die Verklärung der göttlichen Mächte durch schrankenlose, unermüdliche Barmherzigkeit und Hilfsbereitschaft, die Hinweisung der Gläubigen auf die Pflicht der rettenden Fürsorge, der Milde und Güte gegen alle Geschöpfe, diesem Evangelium einen solchen Strahlenglanz des Idealismus, dass alle beweglichen Gemüter dadurch erwärmt werden mussten."[18]

Kôshô Ohtani, 23. Patriarch
des Nishi Honganji

Fand Franz Zouzelka zunächst nur in Schriften Orientierung, durfte er ein Jahr vor seinem ersten Treffen mit Friedrich Fenzl einen führenden Priester der Jôdo Shinshû aus Japan erleben. Kôshô Ohtani, das 23. Haupt des Nishi Honganji, eines großen Haupttempel der Tradition Shinrans, unternahm 1954 eine Europareise.

Im November hielt er in Wien vor Mitgliedern und Gästen der Buddhistischen Gesellschaft einen Vortrag mit dem Titel "Dankbarkeit." Diese Tugend besitzt in der Jôdo Shinshû, in deren Lehre die Befreiung durch das Ganz Andere hervorgehoben wird, eine besondere Bedeutung.

Um dabei die Grundlage aller Schulen des Buddhismus aufzuzeigen, griff Ohtani, der seinen Vortrag in deutscher Sprache hielt, die Anekdote der Übereinstimmung des Zen-Meisters Ikkyu (1394-1481) und des Jôdo Shinshû-Meisters Rennyo (1414-1499)[19] auf:

Eines Tages "hängte Ikkyu ein großes Schild an eine knorrige alte Kiefer vor dem Tore des Daitokuji-Tempels. Auf dem Anschlag stand: 'Ich, Ikkyu, werde demjenigen eine Belohnung auszahlen, der diesen Baum gerade sehen kann.' Viele Leute aus Kyôto kamen, um den Anschlag zu sehen. Und einige dachten natürlich, Ikkyu sei verrückt geworden. Andere schauten auf die verkrüppelte alte Kiefer von jedem möglichen Winkel aus. Doch von keinem Winkel her erschien sie gerade.

Ein alter Mann kam zu Rennyo in den Hongwanji und fragte, ob Ikkyu verrückt wäre. Rennyo lachte und sagte: 'Nein'. Der Mann drängte ihn, die Lösung des Rätsels dieses seltsamen Anschlages zu sagen. Rennyo erklärte ihm den Sinn der Worte, und der alte Mann eilte zum Daitokuji, um die Belohnung zu beanspruchen. Ikkyu fragte den Alten nach der Lösung, und dieser sagte: 'Was denn? Sieh' nur gerade auf den Baum!' Ikkyu zahlte die Belohnung aus und sagte lachend: 'Du hast mit Rennyo gesprochen.'

Dies ist somit das wahre Fundament des Buddhismus.

Wir gehen - uns drehend und wendend - durch unser Leben, und von jeder Seite versuchen wir, das Leben richtig zu verstehen. Wir sprechen über das Rätsel des Lebens. Da ist kein Rätsel! Sieh nur gerade aus auf es hin. Nur vom Standpunkt einer richtigen Lebensansicht aus können wir hoffen, selbst ein richtiges Leben zu führen."[20]

Unter dem Eindruck der Persönlichkeit und Worte Kôshô Ohtanis schloss sich Franz Zouzelka dem Nishi Honganji an. Zwei Jahre später gab er einen Vortrag Ohtanis unter dem Titel *Der Glaube der Jôdo Shinshû*[21] heraus. Auch wirkte er durch Vorträge im Rahmen der Buddhistischen Gesellschaft Wien für die Schule vom Reinen Land.

Doch die Folgen der schweren Kriegsverwundung verursachten ihm zunehmend Schmerzen und physische Beschränkung. Als man zusätzlich einen Hirntumor diagnostizierte, wählte er 1965 den Freitod. Friedrich Fenzl trauerte um den Freund, der ihm lange der einzige war, mit dem er über Shinran und seinen Weg sprechen konnte. Bald machte er sich zur Aufgabe, die Impulse, die Zouzelka von Kôshô Ohtani aufnahm, in Österreich lebendig zu halten.

HARRY PIEPER

Nachdem Friedrich Fenzl zur Buddhistischen Gesellschaft Wien fand, arbeitete er sich während fünf Jahren intensiv und systematisch in die verschiedenen Richtungen des Buddhismus ein. In Fritz Hungerleider, Anton Kropatsch und Franz Zouzelka standen ihm Gesprächspartner zur Verfügung, die seine Lektüre mit Hinweisen für den praktischen Weg unterstützen konnten. Die Entscheidung, sich vollkommen Jôdo Shinshû zu widmen, fiel 1960 durch die Begegnung mit dem in Berlin lebenden deutschen Buddhisten Karl Erdmann Harry Pieper (1907-1978).[22]

Friedrich Fenzl beeindruckte die Lebensnähe Piepers, der ihm Schritt für Schritt die Lehre der Jôdo Shinshû nahe brachte. "Er tat dies in so erfrischender, inspirativer Weise, die frei war von jedwedem orthodoxen Dogmatismus oder intellektueller Überheblichkeit," dass Friedrich Fenzl schließlich sicher war, in der Lehre Shinrans seine "geistige und religiöse Heimat gefunden zu haben. Zu diesem Entschluss trug in nicht geringer Weise das Vorbild Harry Piepers als Mensch, Familienvater und buddhistischer Gemeindeältester bei."[23]

Pieper hatte sich, als er mit 25 Jahren Buddhist wurde, zunächst dem Theravâda zugewandt. Während des Zweiten Weltkriegs leitete er einen kleinen buddhistischen Kreis, bis er 1943 zur Wehrmacht einberufen wurde. 1946, aus sowjetischer Kriegsgefangenschaft zurück, nahm er seine Aktivitäten wieder auf.

Schon als man am 30.11.1952 in Berlin - mit dem europäischen Zweig des 1933 in Indien von Lama Anagarika Govinda gegründeten Ârya Maitreya Mandala - eine Mahâyâna-Gemeinschaft ins Leben rief, wurde Harry Pieper mit Hans Ulrich Rieker (1920-1979) und Lionel Stützer (1901-1991) zu deren führenden Mitgliedern.[24]

Im Mai 1954 begegnete Pieper dem Physiker Osamu Yamada, der sich zu Forschungen über Magnetismus an der Technischen Universität in Berlin aufhielt. Yamada, ein überzeugter Anhänger der Jôdo

Mit Lama Anagarika Govinda
(1898-1985) beginnt das Mahâyâna
im deutschen Sprachraum

Valentin von Maltzan mit seinem spirituellen Lehrer
Harry Pieper

Shinshû, ließ sich für Vorträge in Piepers buddhistischem Kreis gewinnen. Er basierte seine Darlegungen auf eigens von ihm vorgenommenen deutschen Übersetzungen von Büchern des japanischen Gelehrten Masao Fukushima. Eines dieser Werke erschien 1956 unter dem Titel *Die Freiheit und der Glaube*.

Fukushima interpretiert die Lebenssituation des von Amida Ergriffenen als vollkommenes Annehmen seiner selbst, was in der objektiven Unfreiheit ein subjektives Gewahrsein von Freiheit ermöglicht. Der Mensch unterwirft seinen "absolut unfreien Körper und Geist ganz und gar dem Herzen Buddhas. Hier ergibt sich die Bereitschaft, für die eigene Vergangenheit die absolute Verantwortung zu übernehmen. Und diese Verantwortlichkeit aber geruht der Buddha zu tragen. Indem man seine Vergangenheit selbstverantwortlich auf sich nimmt, bringt man das eigene Wesen völlig Buddha dar. Hierbei wird der absolut freie Zustand in der eigenen absoluten Unfreiheit hergestellt. Obgleich man selbst nicht frei wird, wird man in das große freie Leben Buddhas eingeschmolzen. Das ist ein noch freierer Zustand als der der gemeinhin üblichen Freiheit und analog dem des Sokrates, der, obleich er im Gefägnis schmachtete, absolut frei war."[25]

Vor diesem Hintergrund arbeitete Osamu Yamada mit Pieper das Buch *Tannishô* durch, eine kleine Sammlung mit Aussprüchen Shinrans. Harry Pieper beeindruckte darin besonders die Aussage: "Sogar der Gute geht ins Reine Land ein, um wie viel leichter der Böse." Wie Amida keinerlei Bedingungen für die von ihm gewährte Befreiung stellt, braucht auch der von ihm Befreite keine Forderungen mehr an andere zu stellen. Er nimmt Menschen und Dinge an, wie sie sind.

Als Kôshô Ohtani auf seiner Europareise 1954 in Berlin einen Vortrag hielt, glaubte Pieper eine derart freie Persönlichkeit vor sich zu haben. Ohtani, ein Nachfahre Shinrans in direkter Linie, sprach ihn durch seine Erscheinung und seine Ausführungen derart an, dass er später bekannte: "Der Abt zeigte solches Mitleid und solchen Frieden, dass ich dachte, ich wäre gern wie er."[26]

Pieper erfuhr durch Jôdo Shinshû eine tiefe Wandlung. Wie Friedrich Fenzl erinnerten sich viele Schüler und Freunde eines Mannes, der auf unspektakuläre Weise Spektakuläres vermittelte. So berichtet der Kinderarzt Valentin von Maltzan: "Seine besondere Eigenschaft war, dass er keine besonderen Eigenschaften wollte. Er glaubte, dass man ein Stück des buddhistischen Weges ohne besondere Eigenschaften zurücklegen könnte. Ein freundliches Hinhören auf den Ärger des Nächsten im Autobus, geduldiges Warten auf den anderen, auch wenn er nicht gleich kommt oder wenn er nicht so kommt, wie man es sich wünscht, keine großen Worte, keine erhabenen Vorsätze, einfach das tun, was jetzt getan werden muss und einfach hinnehmen, was auf einen zukommt, ohne es sehnsüchtig zu erwarten, oder in Sorgen zurückzuschrecken, sondern im Glauben an den Buddha es als das hinzunehmen, was für einen gut sei: - das war Harry Pieper."[27]

Einer solchen Haltung lag nicht am Abgrenzen. So tief er in der Folge Jôdo Shinshû verinnerlichte, integrierte Pieper doch stets, was zuvor sein Leben leitete, etwa christliche Werte, die Pâli-Quellen des Theravâda und Impulse Lama Anagarika Govindas. Dabei lag ihm an einer weitgehenden Ökumene. Schon als Buddhist hatte der vormals evangelische Christ 1950 die Katholikin Irma Biskupski geheiratet. Wie sein britischer Freund Jack Austin berichtet, pflegte er deren Altar der Jungfrau Maria, während seine Frau sich zu ihm an seinen buddhistischen Schrein gesellte. Auch besuchte Pieper mit seiner Familie die katholische Sonntagsmesse, was er mit den Worten kommentierte: "Es hat lange gedauert, bis ich vom *Entweder-Oder* zum *Sowohl-als-Auch* gekommen bin".[28]

In seiner Interpretation von Jôdo Shinshû versuchte er, das metaphysikkritische Theravâda, den Ausgangspunkt seines buddhistischen Weges, mit der metaphysischen Tradition des Abendlandes, in der er wurzelte, zu versöhnen. Dies zeigen nicht zuletzt Auswahl und Diktion jener Schriften, die er aus dem Englischen übersetzte, um die Schule des Reinen Landes vorzustellen.[29]

So heißt es in einem von Pieper übertragenen Werk Ryuchi Fujiis: "Die wirkliche, ideale Welt, welche ewig unveränderlich, universal ist, und nach welcher unsere Seelen sich sehnen, muss, wie Plato behauptet, jenseits dieser wechselnden Welt sein." In diesem Sinn werden das Reine Land und Amida als Manifestation der "Soheit" gewertet, der eigentlichen Wirklichkeit alles Existierenden. Sie "ist die letzte Quelle, aus welcher alle Dinge hervorgehen und zu welcher sie zurückkehren müssen. Menschliche Wesen sind ständigem Wechsel und Leiden unterworfen. Da wir auf diese Weise völlig hilflos an das Rad des ständigen Wechsels gebunden sind, gibt es für uns keinen Weg, auf welchem wir die absolute Welt erreichen können."

Hier setzt die Bedeutung Amidas ein, denn dieser "ist unser Erretter und unser wirklicher Vater, zu welchem wir Zuflucht nehmen sollten." Er gilt als „absolut und ewig; Er ist immer mit uns. Doch, obwohl wir ständig von Seiner unbegrenzten Barmherzigkeit umgeben sind, können wir Ihn infolge unserer Unwissenheit mit unseren sterblichen Augen nicht erkennen. Es ist der Glaube allein, durch welchen wir mit Ihm in Verbindung treten können. Allen denen, die da glauben, bietet Er die Gelegenheit, mit Ihm eins zu werden. - Alles, was wir zu tun haben, um durch Ihn gerettet zu werden, ist, dass wir uns auf Ihn verlassen und Seinen Namen anrufen."

Schließlich wird die Beziehung des Menschen zum Buddha (jap.: *butsu*) als *unio mystica* beschrieben: "Nur durch vorbehaltloses Vertrauen auf die Gnade des Absoluten können lebende Wesen mit demselben Absoluten, d. i. Amidabutsu, nach ihrem Tode im Lauteren Lande vereinigt werden. Was nun des Menschen Glauben in Amidabutsu betrifft, so ist Amidabutsu absolut alles, während der Mensch absolut nichts ist. Amidabutsu ist jenes 'Alles', das wir suchen müssen. Unser ewiges Leben durch Seine Rettungstat ist uns in jenem Augenblick sicher, in welchem wir unser ganzes Vertrauen auf Ihn setzen. Durch die mystische Vereinigung mit Amidabutsu sind wir der

Friedrich Fenzl 2007

Gleichheit mit Amidabutsu selbst schon hier in dieser gegenwärtigen Welt sicher."[30]

Entsprechend erinnert die von Pieper gestaltete Liturgie an abendländische Traditionen. Amida, das Absolute, wird in persönlichen Kontemplationen wie den Andachten der Gemeinde zum Gegenstand der Anbetung:

"O Du, der Buddha, der Vollkommen Erwachte, der Hochgeehrte! Wir sind hier versammelt in Deiner Gegenwart mit tiefer Anbetung in unseren Herzen. Wir setzen unser ganzes Vertrauen in Dich, in Deine Lehre und in Deinen Orden, und wir sind fest entschlossen gute Buddhisten zu sein und dem heiligen Pfade zu folgen, den Du aufgezeigt hast, sodass wir, - wie auch Du, - die glückseligen und friedvollen Gefilde Nirvana's erreichen mögen!"[31]

Osamu Yamada, der Pieper ursprünglich in die Lehre der Jôdo Shinshû einführte, konnte diesen Stil nicht nachvollziehen. Obwohl ihn die Persönlichkeit und spirituelle Verwirklichung Piepers überzeugte, empfand er doch, dass dieser "allzu rasch willens war, Amidas Mitempfinden mit Worten zu lobpreisen, die mir im Ausdruck etwas übertrieben klangen. Wie ich den Shin-Glauben verstehe, liegt er nicht darin, mit dem Herzen die Freude des Glaubens zu fassen, sondern unsere Augen für die Kraft des Buddha zu öffnen, die uns überwältigt und es uns unmöglich macht, nicht an sie zu glauben."[32]

Durch Harry Piepers Vorbild entschloss Friedrich Fenzl sich 1960 zur Verbindung mit dem Nishi Honganji. Bis zu dessen Tod 1978 blieb Pieper ihm der maßgebliche Lehrer und Ratgeber. Von diesem übernahm er das Lebensprinzip, sich selbst und andere so anzunehmen, wie der Buddha Amida jeden bedingungslos akzeptiert. Auch im Ideal eines einfachen Lebens, das nichts für sich fordert und sich anderen zuwendet, zeigt sich der Einfluss Piepers.

Doch verschob Friedrich Fenzl den Akzent von der anbetenden Frömmigkeit mit dem Fernziel der *unio mystica* zum sozialen Handeln in der Welt. Er las den Bericht vom Bodhisattva Dharmakâra, der zum

Buddha Amitâbha wurde, als mythisches Bild einer Liebe, die sich überall dort manifestiert, wo mitmenschliche Hingabe lebt. Darum wollte er diese Erzählung nicht als Schilderung historischer Ereignisse um die Entwicklung eines konkreten Wesens verstanden wissen, das nun als ein mächtiger Buddha über der Welt thront. In diesbezüglichen Fragen und Ideen diagnostizierte er bei abendländischen Buddhisten eine Prägung durch die geschichtliche Orientierung des Christentums.

Nach Friedrich Fenzl können Kategorien wie faktisches Existieren oder Nicht-Existieren auf Dharmakâra-Amitâbha nicht zutreffen. Eine Debatte hierüber sieht er als "Trivialität, wenn wir in ihm die Inkarnation kosmischer Güte und kosmischen Mitleids sehen, von der aufopferungsvollen Liebe der Mutter zu ihrem Kinde bis zur selbstaufopferungsvollen Hingabe des mitleidsvollen, in wahrem Bodhisattva-Geist handelnden Menschen. Ihre Liebe und ihr Mitleid werden, da ja nichts im All sich in Nichts auflöst, gleichsam akkumuliert und somit zu einer Emanation der alles durchdringenden, alles umfassenden großen kosmischen Buddhanatur, des Dharmakâya."[33]

JAPAN

Von Beginn seines buddhistischen Weges an glaubte Friedrich Fenzl an die Notwendigkeit, vor allem von Asien und nach Möglichkeit in Asien zu lernen. Bestrebungen, einen westlichen Buddhismus ohne Supervision durch Vertreter der lebendigen Tradition quasi aus der Retorte entstehen zu lassen, betrachtete er äußerst skeptisch. Für ihn stand fest, dass "sich ein europäischer Buddhismus nur im Rahmen der Tradition und Sukzession (der Nachfolge Shâkyamuni Buddhas) entwickeln kann und darf." Hier "findet jeder Mensch seine seinem Temperament und Neigung entsprechende Schule oder Lehrrichtung. Der Buddhismus soll wohl gesellschaftliche Fragen aufgreifen und in seinem Geiste zu lösen versuchen, er ist aber keine 'Gesellschaftsphilosophie' oder 'Ideologie', sondern in erster Linie ein Weg zur Erlösung."[34]

Gleich nachdem er 1960 offiziell der Jôdo Shinshû beigetreten war, nahm er eine umfangreiche Korrespondenz mit buddhistischen Priestern und Gelehrten in vielen Ländern auf, insbesondere in Japan. Weil es ihm rasch gelang, rege Kontakte in die gesamte buddhistische Welt zu knüpfen, ernannte Harry Pieper ihn 1962 zum "Auslandssekretär" der europäischen Jôdo Shinshû-Gemeinschaft.

Immer wieder erwog Friedrich Fenzl, durch diese Beziehungen angeregt, nach Japan zu gehen, um sich systematischen Studien zu unterziehen. Als er schließlich eingeladen wurde, 1968 bis 1970 in Kyôto eine buddhistische Ausbildung zu absolvieren, erfuhr er von der Universität Salzburg, für die er arbeitete, dass sie nicht auf ihn verzichten wollte. Nach kurzem Ringen entschied er, die Aussicht auf spirituelle Bereicherung wichtiger zu nehmen als die künftige materielle Ungewissheit. Da man ihn nicht beurlaubte, gab er seinen Beamtenstatus auf und übersiedelte nach Japan. Rückblickend verschwieg er nicht, dass das Leben in Japan große Umstellungen bedeutete und mit gelegentlichem Heimweh nach Europa verbunden war.[35]

Nishi Honganji in Kyôto

In Kyôto wohnte er in einer Ausbildungsstätte für Priester der Jôdo Shinshû unweit des Nishi Honganji, wo er lebenslange Freundschaften knüpfen konnte. Mit einem seiner Zimmernachbarn, Takamasu Moriki aus Kyûshu, diskutierte er lange über Möglichkeiten, den Buddhismus als gemeinschaftsbildendes Element unter aktuellen zivilisatorischen Bedingungen fruchtbar zu machen. Moriki studierte an der Ryûkoku-Universität Buddhismus und unterzog sich einer Ausbildung als Priester. Noch Jahre später, nachdem er nach Kanada gegangen war, um einen buddhistischen Tempel zu betreuen, nahm Friedrich Fenzl regen Anteil an dessen Versuchen, die dortige Gemeinde, die nahezu ausschließlich aus Nachkommen japanischer Auswanderer bestand, weiteren Kreisen zu öffnen.[36]

Auch Friedrich Fenzl belegte Kurse an der Ryûkoku-Universität, um sich auf wissenschaftlicher Basis systematisch die Lehren der Jôdo Shinshû anzueignen. Was eine fundierte Einweisung in Shinrans Werk und die ihm vorhergehenden und nachfolgenden Meister anging, wurde er nicht enttäuscht. Doch bedauerte er, dass man aus seiner Perspektive in der Jôdo Shinshû in Japan dem Nachdenken über eine buddhistische Sozialethik noch zu wenig Aufmerksamkeit schenkte. Diesen Aspekt ins Zentrum seiner Bemühungen zu stellen, nahm er sich für die Zeit nach seiner Rückkehr nach Europa als besondere Herausforderung.

Großen Einfluss auf Friedrich Fenzl übte in Japan Shôken Yamasaki (1907-1989) aus, der an der Universität als Professor für buddhistische Religionspädagogik wirkte. In Yamasaki fand er einen Lehrer, der Theorie und Praxis miteinander verband. Zu seiner Arbeit als Hochschullehrer widmete er sich als Abt des Tempels Myôjunji in Kyôto besonders der buddhistischen Jugendarbeit. Ein kleines Gebäude neben seinem Tempel diente dem Treffen von Kinder- und Jugendgruppen. Das Ziel buddhistischer Pädagogik sah Yamasaki im Vermitteln der Haltung eines Bodhisattva, dessen Weg dem Einsatz für andere gewidmet ist.[37] Auch seine vielfältigen Aktivitäten für den

Shôken Yamasaki, der Lehrer Friedrich Fenzls

interkulturellen Dialog und die Begegnung des Buddhismus mit dem Westen lassen sich in diesem Sinn verstehen.[38]

Yamasaki betonte den unmittelbaren Zusammenhang alles Existierenden: "Unser eigenes Leben und das Leben aller anderen Wesen sind in vielfältigster Weise miteinander verknüpft, ob wir dies sehen wollen oder nicht. Der Buddhismus lehrt den unbegrenzten und vielfältigen Zusammenhang allen Lebens: Wir alle haben Teil am großen Prozess des Lebens. Diese Lehre ist heute von größter Bedeutung, wenn man an die Probleme unserer Erde denkt."[39]

Im Geist Yamasakis verstand Friedrich Fenzl Jôdo Shinshû als "unbezweifelbar eine soziale Religion. Ihre grundlegende soziale Idee ist in der Bodhisattva-Haltung ausgedrückt, seinen Mit-Wesen zu helfen, die sich nicht selber retten können."[40]

An der Ryûkoku-Universität assistierte Friederich Fenzl auch Michio Sato, einem Professor für Philosophie, der an einer deutschen Übersetzung von *Tannishô* arbeitete. Sato diskutierte mit Friedrich Fenzl Fragen einer Jôdo Shinshû angemessenen europäischen Terminologie, ließ sich bei Formulierungen und dem Erstellen der Fußnoten helfen. Immer wieder wurden dabei Fragen erörtert, inwieweit sich Begriffe der christlichen Theologie zur Wiedergabe von Texten der Schule vom Reinen Land eignen.[41]

Rinsho Sasaki, ein Professor der Frauenuniversität von Kyôto und Priester der Jôdo Shinshû, holte Friedrich Fenzl als Lektor für die deutsche Sprache an sein Institut. Die Zeit, die ihm neben dem Studium und der Tätigkeit als Lektor blieb, nutzte er, um sich in japanischen Künsten zu schulen. So absolvierte er Ausbildungen in Ikebana, der Kunst des Blumensteckens, und in der Teezeremonie.

Nach diesem ersten längeren Aufenthalt führten Friedrich Fenzl wiederholt ausgedehnte Studienreisen nach Japan, Taiwan, Sri Lanka und Südkorea. So verbrachte er 1982 einige Zeit in Taiwan, um sein Wissen des chinesischen Buddhismus zu vertiefen. Shinrans Interpretation basiert neben den indischen Grundlagen und japanischen

Friedrich Fenzl wird 2006 für seine langjährige Tätigkeit als Repräsentant des Nishi Honganji in Österreich geehrt. Rev. Thomas Moser überreicht die Urkunde

Vorläufern auf den Lehren chinesischer Meister, weshalb theoretische Kenntnisse und praktische Erfahrungen mit deren Lehren auch das Verständnis von Jôdo Shinshû erweitert.

In Taiwan waren es neben Gesprächen über buddhistische Inhalte besonders soziale Einrichtungen, die Friederich Fenzl interessierten. Er fand freundliche Aufnahme in buddhistischen Kindergärten, Schulen und Altenheimen, deren praktische Arbeit er studierte. Zudem verfolgte er die Produktion buddhistischer Rundfunk- und Fernsehprogramme.[42]

1983 hielt sich Friedrich Fenzl wieder in Japan auf, wo er einige Zeit in Tempeln in Nara und Okazaki lebte, nachdem er zuvor in Kyôto einen Vortrag über "Shin Buddhist Social Ethics" hielt.[43] Zunehmend begannen sich japanische Priester der Jôdo Shinshû für seine Ausführungen zur buddhistischen Sozialethik und seine praktische Arbeit zu interessieren.

Eine noch zu Lebzeiten Shinrans entstandene Portraitzeichnung
(Nishi Honganji)

DER ETHIKER

Dass ein Vertreter der Jôdo Shinshû sich mit Fragen der Ethik beschäftigt ist nicht unbedingt evident. Für Shinran hatte das Verhalten auf die Erlösung keinen Einfluss. Vor dem Hintergrund der Idee der Wiedergeburt durchlebt man seit anfangloser Zeit unablässig ein Dasein nach dem anderen. Gemäß der Lehre vom Karma wurden so unendlich viele schlechte und gute Taten vollzogen, die sich in der Gegenwart auswirken. Diese unüberblickbare Vorgeschichte jeder Person wiegt für Shinran derart schwer, dass ihm praktisch alle individuellen Taten durch frühere Ereignisse vor- oder zumindest mitbestimmt galten: Was man tut, geschieht weit weniger aus freiem Willen als wegen der Masse zwingender Bedingungen.

Entsprechend heißt es in der Übersetzung des *Tannishô*, an der Friedrich Fenzl mitwirkte, nicht die Qualität der eigenen Absichten leite das Handeln, sondern die Auswirkung früherer Leben. Denn "man tötet nicht, weil man kein Karma hat, einen einzigen töten zu können, nicht weil das eigene Herz gut ist. Und es könnte auch möglich sein, dass man hundert oder gar tausend Menschen töten würde, wenn man sie auch nicht töten wollte."[44]

Man enthält sich nicht aufgrund höherer moralischer Entwicklung des Tötens oder Stehlens, sondern weil keine objektiven Ursachen für solche Akte vorliegen. In gleicher Weise tut man nicht etwas Gutes, weil man seinen Charakter läuterte, sondern weil objektive Bedingungen dazu führen. Indem der Mensch nicht Herr seiner Absichten ist, vermag er aus eigenem Antrieb nichts zu tun oder zu lassen, um der Befreiung näher zu kommen.

Jeder Versuch, durch heilsames Wirken und die Enthaltsamkeit von Schlechtem die Erlösung herbeizuführen, scheitert nach Shinran schon wegen der Unfähigkeit zum souveränen Handeln. Sogar die befreiende Hingabe an den Buddha kann niemand aus eigener Absicht vollziehen. Sie muss ihm von Amida geschenkt werden. Erwägungen,

Friedrich Fenzl mit Michaela Fellner
von der Theravâda-Gruppe Salzburg (2006)

welche Maßnahmen der Befreiung dienen, stärken als egoistische Berechnungen das Ich, statt seine Grenzen zu sprengen. Mit anderen Worten: Wer die Erlösung will und dafür Bedingungen schaffen möchte, erlangt sie sicher nicht. Wer die Frage der Erlösung ganz dem Buddha überlässt, ist ihrer gewiss.

Erst wenn der Buddha durch einen Menschen wirkt, verhält dieser sich gut. Was aus der immer begrenzten eigenen Einsicht nicht möglich ist, vollzieht sich durch den inneren Einklang mit der von Amida verkörperten Wahrheit "von selbst" (japanisch: *jinen*). In der Spontaneität wird verwirklicht, was der Reflexion misslingen muss.

Nachdem Shinran so die Ethik von der Religion trennte, klammerte die folgende Tradition der Jôdo Shinshû Fragen des Verhaltens vielfach überhaupt vom Diskurs aus. Mit Rennyo kam die Formel auf, in der Sphäre des Religiösen ganz dem Buddha hingegeben, solle man in jener der Welt die Gesetze des Staates respektieren.

Sah Shinran bezüglich der Befreiung zwar die totale Ohnmacht des Menschen, maß er ihm in irdischen Belangen doch einen relativen Handlungsspielraum bei. Entsprechend schrieb er 1252 in einem Brief: "Es ist wahrhaft traurig, seinen Regungen freien Lauf zu lassen, und sich damit zu entschuldigen, dass man von Natur aus von blinder Leidenschaft besessen ist. Es werden Taten entschuldigt, die nicht getan, Worte, die nicht gesprochen, und Gedanken, die nicht gehegt werden sollten, wenn man sagt, dass man seinen Begierden in jeder Weise nachgeben darf."[45]

Solange nicht mit Hilfe des Buddha die Spontaneität des Handelns gewonnen ist, steht man im Alltag vor ethischen Entscheidungen. Um dabei für sich und andere den geringsten Schaden und den meisten Nutzen zu sichern, kann man sich an den bewährten Regeln der buddhistischen Tradition ausrichten. Man imitiert notdürftig, was der Befreite spontan vollzieht. Da man dabei immer wieder scheitert, taugen diese Regeln zwar als Orientierungshilfen für ein gelungenes Leben, jedoch nicht als erlösende Mittel. Amida befreit gerade die Bösen, denen es am wenigsten gelingt, den Vorschriften eines angemessenen Verhaltens zu genügen.

Solche Trennung von Religiosität und Ethik vermag beide von ihnen nicht gemäßen Ansprüchen zu befreien, etwa die Religion vom Moralisieren. In diesem Sinn schrieb Anagarika Govinda: "Moralische Menschen sind oft gänzlich unreligiös, während 'unmoralische' Menschen vielfach erstaunlich religiös sind. Die Gleichsetzung von Religion und Moral war der verhängnisvollste Irrtum der Menschheit. Er degradierte die Religion zum Polizeibüttel, bis selbst die Besten an ihr irre wurden. Die Religionsfeindlichkeit des Westens ist zur Hauptsache auf diesen Irrtum zurückzuführen, der noch verstärkt wurde durch die Verwechslung des Moralischen mit dem Sexuellen."[46]

Die Ethik ist ihrerseits von überfordernden Vorgaben befreit, um Menschlichkeit einzufordern, aber keine Heiligkeit zu verlangen. Vor diesem Hintergrund richtete Friedrich Fenzl kritische Anfragen an Buddhisten, die in den klassischen Schriften für Mönche formulierte Sittenregeln als Maßstab an andere anlegten.

Für Fritz Hungerleider, in den siebziger Jahren Vorsitzender des Komitees für innerbuddhistische Solidarität der World Fellowship of Buddhists, schloss die Regel des Nichttötens die Forderung einer absoluten Freiheit von Gewalt ein. Sogar in Notwehr oder als Hilfe für Bedrohte lehnte er sie in jeder Form ab.[47]

Tatsächlich empfiehlt der Buddha Gautama seinem Schüler in den älteren Schichten kanonischer Literatur, nicht einmal dann zornig zu werden, "wenn ihm Mörder mit einer scharfen Säge Glied um Glied abtrennen."[48] Doch richtete sich dieses Gebot vollkommener, sogar mentaler Gewaltfreiheit an Wanderasketen, die jede Bindung und Verpflichtung hinter sich ließen. Anders sahen ethische Hinweise Gautamas an jene aus, die Verantwortung für eine Familie zu tragen hatten und in gesellschaftliche Strukturen eingebunden waren. Hier galt neben Ackerbau, Viehzucht, Handel und Handwerk auch der Beruf des "Bogenschützen", mithin des Soldaten, als ehrbare Tätigkeit.[49]

Im Sinn dieser frühbuddhistischen Unterscheidung argumentierte Friedrich Fenzl gegenüber Hungerleider: Grundsätzlich bejahe er das Streben nach Freiheit von Gewalt, warne aber vor einer Doppelmoral der Selbsttäuschung: Gewaltfreiheit gegenüber dem Täter wird leicht zur Gewalt am Opfer. So fragt er nach dem Verhalten eines westlichen Buddhisten, wenn Kriminelle "seine geliebte Frau vor seinen Augen vergewaltigen, seine Kinder entführen, seine alten Eltern quälen würden? Würde er ruhig zusehen im Vertrauen auf die Richtigkeit seiner These von der Gewaltlosigkeit?"[50]

Indem man sich selbst der Gewalt enthält, delegiert man sie lediglich an andere: "Westliche Buddhisten können einen radikalen und konsequenten Pazifismus vertreten, weil sie den Schutz durch staatliche Einrichtungen (Exekutive und Militär) einer nicht-buddhistischen Gesellschaft genießen. Hier erhebt sich die Frage, ob es denn moralischer ist, andere Menschen, die auf Grund ihrer anderen Religion oder Weltanschauung von keinen pazifistischen Skrupeln belastet sind, für sich kämpfen und töten zu lassen?"[51]

Friedrich Fenzl betrachtet das Problem aus einer Perspektive der Verknüpftheit aller Dinge und Wesen, jener zentralen buddhistischen Lehre, auf die ihn Shôken Yamasaki immer wieder hingewiesen hatte. "Ist nicht auch der Buddhist ein Glied der Gemeinschaft, mit ihr in vielfältiger Weise - als Familienvater, Staatsbürger, Steuerzahler, Beamter, Berufskollege, Nachbar etc. - verbunden und daher durch wechselseitige Beziehungen zum Dienst verpflichtet (er genießt ja auch alle Vorteile, die die Gemeinschaft bietet)?"[52]

Neben dem Gewahrsein der Verflechtung mit dem Ganzen und damit der Verantwortlichkeit, ging es Friedrich Fenzl um die Gefahren der Überheblichkeit: Leicht blickt der auf kompromisslose Gewaltfreiheit Stolze auf jene herab, die ihm dienen. Sobald ein Mensch glaubt, besser als andere zu sein, wird er zum Opfer einer Täuschung.

In gleicher Weise hinterfragte Friedrich Fenzl den Vegetarismus, dem viele europäische Buddhisten große Bedeutung beimaßen, wäh-

Mit Kurt Krammer nach der Ehrung durch
den Nishi Honganji (2006)

Der japanische Priester Hôjun Nishi, der
Verfasser und Friedrich Fenzl am Rande
der Konferenz der International
Association of Shin Buddhist Studies 1988

rend "anderen ethischen Fragen, wie der Verfolgung buddhistischer Gesinnungsfreunde oder so gefährlicher Zukunftsperspektiven wie der Gen-Manipulation oder der Zerstörung der Umwelt" kaum Beachtung zuteil wurde."[53]

Friedrich Fenzl ging davon aus, dass Jôdo Shinshû "durch die Aufhebung des Bannes, der auf einem verpönten Fleisch- und Fischkonsum lag, die kriminelle Stigmatisierung von jenen Menschen nehmen wollte, die ihren Lebensunterhalt durch Fleisch- und Fischgewinnung bestritten und damit einen bedeutsamen Schritt zu ihrer wenigstens teilweisen religiösen und gesellschaftlichen Emanzipation tat."[54]

Zwar trat er ethischem Rigorismus und Fundamentalismus entgegen, um Verständnis und Duldsamkeit für jene einzufordern, die - aus der Perspektive anderer - religiöse oder ethische Gebote missachteten. Doch mit gleichem Nachdruck wies er unermüdlich auf ethische Erfordernisse hin, die er für das Überleben von Mensch und Erde als notwendig erachtete.

Dies betrifft die Bedeutung des Umwelt- und Artenschutzes. Neben unabdingbaren äußeren Maßnahmen mahnte er einen Wandel des Bewusstseins ein. Die tiefere Ursache der Zerstörung der Natur war "unser schrankenloser Egoismus, der uns zum Streben nach immer höherem Lebensstandard, immer raffinierteren Genüssen, immer bequemerer und müheloserer Lebensführung treibt."[55]

Hier kann die buddhistische Ethik des Überwindens von Gier, Hass und Verblendung Anregungen bieten, eine verbreitete konsumistische Kultur des Todes zu überdenken, um zu neuer Wertschätzung des Daseins zu gelangen. So engagierte sich Friedrich Fenzl für den Schutz des ungeborenen Lebens. Er setzte statt auf staatliche Sanktionen gegen betroffene Frauen wiederum auf spirituelle Impulse zum Bewusstseinswandel, der "einerseits die Liebe zum Kind und zur Familie fördert, zum anderen - wenigstens für den Buddhisten - die tiefere Einsicht in karmische Kausalitäten erkennen lässt, die leider im europäischen Buddhismus weitgehend verloren gegangen ist."[56]

Wie sein Lehrer Harry Pieper, der an der Marienverehrung seiner Frau Anteil nahm, kannte Friedrich Fenzl keine Berührungsängste im Hinblick auf andere spirituelle Traditionen. Ging es wie beim Schutz des ungeborenen Lebens um gemeinsame Anliegen religiöser Menschen, unterstützte er buddhistische wie von Katholiken getragene Aktionen.[57]

Mit seiner Betonung der Ethik und damit eines sozialen Buddhismus wusste sich Friedrich Fenzl im Einklang mit Shinrans Hauptwerk *Kyôgyôshinshô*. Dort findet sich die Lehre von zwei unterschiedlichen Bewegungsrichtungen der Befreiung, die durch die Kraft des Buddha ermöglicht werden: In einer "Phase des Hingehens" (*ôsô*) bewegt sich der vom Buddha Ergriffene ins Reine Land, in einer "Phase der Rückkehr" (*gensô*) wendet er sich als Helfer wieder der Welt zu.

Friedrich Fenzl sah damit nicht nur zwei aufeinanderfolgende Leben angesprochen, wie dies in der Tradition oft der Fall war. Er empfand die beiden Richtungen als Aspekte eines spontanen Prozesses, der sich in einem Leben vollzieht, das in der Hingabe an den Buddha zum Werkzeug seines Wirken wurde: Immer reist man dann ins Reine Land, als dessen Botschafter man zugleich den Leidenden gegenüber tritt.

SOZIALE ARBEIT

Das *Avatamsakasûtra*, ein grundlegender Text des Mahâyâna, beschreibt den Weg zur Buddhaschaft als Reise durch zehn Länder oder über zehn Erden (Sanskrit: *bhûmi*). In jedem Land erwirbt der Bodhisattva, das zum Buddha erwachende Wesen, eine besondere Tugend. Gleich im ersten, dem "Land der Freude", geht es um die Meisterung der "Vollkommenheit des Gebens" (Sanskrit: *dâna-pâramitâ*).

Für Friedrich Fenzl steht ein Mensch in der Spannung der Phasen des Hingehens (*ôsô*) und der Rückkehr (*gensô*) immer am Anfang der großen Reise. Nach eigenem Empfinden befand er sich darum stets an der Pforte zum Land der Freude. Gedanken zu den weiteren Ländern, in denen Tugenden wie vollendete Meditation, Weisheit und Unerschütterlichkeit erworben werden, ließ er deshalb meist auf der Seite. Diese erlangt Jôdo Shinshû zufolge ganz ohne eigene Anstrengung auf seinem Weg, wer von Hingabe an den Buddha erfüllt ist.

Entsprechend konzentrierte sich Friedrich Fenzl auf die erste zu erwerbende Tugend *Dâna*, das Geben. Je intensiver ein Mensch sich der Verknüpftheit aller Dinge und Wesen bewusst wird, umso stärker empfindet er eine tiefe Dankbarkeit: Wenn er sieht, wie sein eigenes Existieren ein beständiges Nehmen ist, folgt aus dem Lebensgefühl des Dankes für alles, was empfangen werden darf, "von selbst" (*jinen*) der Impuls zum Geben. Die vom Buddha vermittelte Einsicht in die universelle Verbundenheit bewahrt dabei vor der Versuchung, solches Geben als eigene Leistung zu werten. Man erfährt vielmehr, wie im Grunde einzig Empfangenes durch einen selbst hindurch zu anderen fließt. Jede gute Tat macht dann bescheidener und lässt die Größe des Buddha deutlicher erscheinen.

Im frühen Buddhismus bezeichnete *Dâna* vor allem Nahrungsspenden an die Wanderasketen. Friedrich Fenzls vom Mahâyâna inspirierte Interpretation sieht dieses Geben als "tätige Hilfe und Nächstenliebe für alle Not leidenden Lebewesen, seien es nun Menschen

Kurt Krammer, Werner Purkhart, Edmund Frühmann und Friedrich Fenzl beim Festakt 30 Jahre Buddhistische Gemeinschaft Salzburg (2007)

oder Tiere. Es ist sicherlich eine wertvolle buddhistische Tugend in meditativer Versenkung Gedanken der Liebe, der Güte, des Wohlwollens zu allen lebenden Wesen zu senden." Doch diese meditative Zuwendung "kann immer nur die geistige Grundlage für 'eine Aktion der Güte', eine 'tätige Güte' sein, denn noch kein Hungernder ist nur von der ihm entgegengebrachten Güte satt geworden, kein Kranker geheilt, kein Trauernder getröstet. Bedauerlicherweise wird das von vielen Buddhisten oft übersehen. Verständlicherweise ist ein stilles Verweilen, versunken in meditative Betrachtung über die Güte, nicht so mühevoll, nicht so zeitraubend und vor allem nicht so kostspielig" wie die tätige Liebe.[58]

Friedrich Fenzl befürchtete, der Buddhismus könnte in Europa zum Wellness-Angebot verkommen, wenn die Kontemplation zum Erzeugen schöner Gefühle dient und nicht den Weg zur Tat findet. Das von Buddhisten viel beschworene "Loslassen" bezog sich für ihn auf den Egoismus und von diesem ausgehende Versuchungen, nicht auf die soziale Verantwortung. Nie ließ er sich dabei leicht als unbequemer Mahner abtun, ging er doch stets konsequent mit eigenem Beispiel voran und beließ es nicht bei der Theorie. Entsprechend charakterisierte er sich 1988: "Ich bin weniger ein Gelehrtentyp und mehr Pragmatiker, ich möchte besonders seelsorgerisch und sozialethisch tätig sein."[59]

Neben seiner beruflichen Tätigkeit an der Universität Salzburg, für die er nach dem Aufenthalt in Japan wieder tätig wurde, widmete er sich nicht selten zwanzig Stunden in der Woche Aktivitäten aus buddhistischem Geist.[60] Bei solchem Engagement verlangte er für sich selbst wenig, und sein Privatleben deckte sich fast vollends mit den sozialen Tätigkeiten. Die kleine Wohnung war stets zugleich ein Tempel des Buddha Amida, ein Büro zur Koordination zahlreicher Aktivitäten, ein Archiv und ein improvisierter Verlag für Zeitschriften.

Ein Großteil der Zeit Friedrich Fenzls gehörte immer sozialen Hilfeleistungen: "Mal ruft ein altes treues Mitglied an und bittet mich,

[Tibetan script]

On our second visit to this beautiful place, I join here may You. Master and friends to sincerely wishing you. Dharma friends of Salzburg, all progress and best fruit for your practices of Dharma.

Gonsar Tulku
15/6/77

[Tibetan script]

With all my best wishes
[signature]

慈光照護   前門 大谷光照
                Kosho Ohtani, Kyoto, JAPAN
                       Nishi Honganji
              大法 㤗子
              Yoshiko Ohtani

Nur Shinjin, durch welch ich ein Buddha sein werde
Dr. Chiyu Inoue 井上鞏章
Professor emeritus der Universität Ryûkyû.

Prominente Gäste bei Friedrich Fenzl in der Buddhistischen Gemeinschaft Salzburg: Geshe Rabten und Kôshô Ohtani (2007)

[...] bei der Rentenversicherung zu intervenieren, dann ruft eine junge Frau an, die mich am 16. Juni in Radio Salzburg über Buddhismus sprechen gehört hat und möchte, dass ich ihr helfe, ihren Mann ausfindig zu machen [...], dann ruft eine verzweifelte Mutter an [...]."[61]

Dazu kümmerte er sich um Strafgefangene, Immigranten aus buddhistischen Ländern in Österreich und koordinierte Hilfeleistungen im internationalen Kontext. Eine Flutkatastrophe in Bangladesh, wo er Kontakte zu Vertretern der buddhistischen Minderheit in Chittagong pflegte[62], wurde ebenso Anlass zur Aktivität wie der Strom vietnamesischer Flüchtlinge in den siebziger Jahren[63], mit denen er sich aufgrund eigener tragischer Jugenderlebnisse identifizieren konnte.

Diese vielfältige Arbeit kannte neben Erfolgen, über die Friedrich Fenzl in veröffentlichten Schriften schwieg, manche Enttäuschung, die ihm Anlass zu kritischer Reflexion wurde. Ein derartiger Fall war jener des Kurt-Conrad Kreuzroither, der wegen Raubmordes in einem österreichischen Gefängnis saß.

Dieser hatte sich 1962 brieflich an Friedrich Fenzl gewandt, der ihn fortan während zwölf Jahren betreute. Kreuzroither erlebte in dieser Zeit eine starke Wandlung seiner Persönlichkeit. Er schloss sich Jôdo Shinshû an, gewann durch sein Vorbild einen weiteren Gefangenen für den Buddhismus, ermunterte andere Häftlinge zu Spenden für die Opfer des Vietnamkriegs, für die er selbst einen Großteil des Wenigen, das er hatte, gab. Schließlich wurde er Vorarbeiter im Gefängnis, galt als resozialisiert und sollte 1974 entlassen werden. Unmittelbar bevor sich ihm die Tore öffneten, wählte er überraschend den Freitod.

In einem Vortrag über die soziale Bedeutung Shinrans fragte Friedrich Fenzl später rückblickend: "Fühlte er sich nicht fähig, ein Leben in Freiheit zu ertragen? Wir wissen es nicht, doch ich darf Ihnen versichern, dass wir von der Shin Buddhistischen Gruppe uns sehr traurig und gewissermaßen schuldig fühlten beim frühen Tod unseres jungen Glaubensbruders."[64]

Im Zusammenhang mit seinen sozialen Aktivitäten steht Friedrich Fenzls publizistische Tätigkeit. Schon früh erkannte er die Notwendigkeit einer breiten Kommunikation von Inhalten und Initiativen, um soziale Aspekte des Buddhismus wirksam werden zu lassen. Diese gestaltete sich in den fünfziger und sechziger Jahren schwierig, denn einschlägig Interessierte wohnten in der Regel weit voneinander entfernt. Vereinigungen waren keine Gruppen mit intensivem Gemeinschaftsleben, sondern lose Zusammenschlüsse von Einzelnen.

Um die Isolation zu durchbrechen, gründete Friedrich Fenzl 1958 das Mitteilungsblatt *Dharma*, das im Unterschied zu anderen buddhistischen Zeitschriften Themen des Alltags wie Kindererziehung und Jugendbetreuung ansprach. *Dharma* erschien als "freies Informationsblatt für junge Buddhisten" mit "Berichten und Mitteilungen aus der Welt des Buddhismus" bis 1964. Ab dem folgenden Jahr konzentrierte sich die publizistische Arbeit auf Jôdo Shinshû, wovon die Zeitschrift *Mahâyâna* Zeugnis ablegt. Seit 1981 gab er das Blatt *Amida* heraus. Dazu kamen weitere Periodika wie der Rundbrief *Buddhismus heute* und Dokumentationen zu aktuellen Fragen.

Nicht nur als Repräsentant des Nishi Honganji, der er seit 1965 war, wirkte Friedrich Fenzl unermüdlich organisatorisch. 1977 gründete er mit der Buddhistischen Gemeinschaft Salzburg die erste entsprechende Organisation im Westen Österreichs, die seither mit Vorträgen und Seminaren an die Öffentlichkeit trat. Die Liste der von Friedrich Fenzl im Lauf der Jahre nach Salzburg geladenen Gäste und Vortragenden umfasst Wissenschaftler und Interpreten aus Europa sowie Würdenträger aus Japan, Vietnam, Sri Lanka, Thailand und Tibet. Es finden sich darunter Persönlichkeiten wie Geshe Rabten (1920-1986), einer der philosophischen Berater des 14. Dalai Lama, und Kôshô Ohtani, das 23. Oberhaupt des Nishi Honganji.

Im Rahmen der Salzburger Gemeinschaft regte Friedrich Fenzl die Schaffung eines Buddhistischen Sozialfonds an. Anlass war die langfristige Betreuung eines Patienten aus Ghana im Rahmen der von ihm initiierten "Buddhistischen Krankenhausfürsorge". Aus diesem Fonds konnten später unter anderem Tsunami-Opfer in Sri Lanka und mongolische Asylbewerber in Salzburg unterstützt werden.

Am 18. August 1980 gründete Friedrich Fenzl im Rahmen eines Festakts in Wien die Buddhistische Gemeinschaft Jôdo Shinshû in Österreich. Kôshô Ohtani hielt als Ehrengast einen Vortrag. Als nach einem siebenjährigen Rechtsverfahren 1983 durch Beschluss der Bundesregierung der Buddhismus in Österreich als Konfession anerkannt wurde, nahm Friedrich Fenzl von Beginn an regen Anteil an der Diskussion um die Struktur und Verfassung der Österreichischen Buddhistischen Religionsgesellschaft. Dabei war ihm das Bewahren der Eigenständigkeit der einzelnen Schulen des Buddhismus ein besonderes Anliegen.

Für sein sozialer Arbeit gewidmetes Leben schätzte Friedrich Fenzl Vorbilder, die einen Bodhisattva-Weg als tätiges Leben verkörperten. In diesem Sinn stellte er den japanischen Industriellen Yehan Numata (1897-1994) heraus. Dieser stammte aus armen Verhältnissen, baute ein großes Unternehmen auf, um einen beachtlichen Teil seines Vermögens religiösen und wissenschaftlichen Zwecken zu widmen. Zudem war Numata für eine arbeiterfreundliche Betriebsführung und Beiträge zum Umweltschutz bekannt.[65] Gleichfalls würdigte Friedrich Fenzl die Feministin Takeko Kujo (1887-1928), die sich für Wohlfahrtsprojekte einsetzte und für wirksame Hilfeleistungen nach dem großen Erdbeben in Tôkyô von 1923 bekannt wurde.[66]

Friedrich Fenzl 2006

VISIONEN

Seine sozialen Aktivitäten verstand Friedrich Fenzl nicht als punktuelle Tätigkeiten, sondern sah sie in innerem Zusammenhang. Sie wurzelten nicht nur in Lehren des Mahâyâna-Buddhismus, besonders der Jôdo Shinshû, sondern waren zudem in deutliche Visionen von Möglichkeiten eingebettet, wie buddhistische Impulse für Europa wirksam werden könnten.

1983 entwickelte Friedrich Fenzl auf der Basis seiner reichen Erfahrungen mit sozialer Arbeit ein ausführliches Konzept, das der Vision eines Hilfswerks aus dem Geist des Buddhismus programmatische Gestalt gab. Seine Hoffnung, dieses "Dâna-Werk", "das gewissermaßen Vorstufe zu einer buddhistischen Diakonie sein könnte und sollte,"[67] im Rahmen der staatlich anerkannten buddhistischen Religionsgesellschaft Österreichs Wirklichkeit werden zu lassen, konnte sich allerdings nicht erfüllen. Der erste Präsident dieser Gesellschaft, Walter Karwath, zog Modelle vor, bei denen "sich der Staat zur Gänze um die Sozialfrage zu kümmern und daher jedem Bürger einen ausreichenden Lebensunterhalt zuzuteilen hat."[68] Für das Organisieren einer praktizierten Caritas aus spirituellen Motiven gab es vor diesem Hintergrund keinen Raum.

Eine weitere Vision Friedrich Fenzls konkretisierte sich 1984 im Plan für ein "buddhistisches Priesterseminar".[69] Aus der Erkenntnis, dass Impulse des Buddhismus am besten wirksam werden, wenn Menschen sie tragen, die aus einer fundierten Ausbildung schöpfen, entwarf er die Struktur und den Lehrplan eines wissenschaftlichen Instituts für buddhistische Studien. Dieses sollte auch der von ihm kritisierten Tendenz entgegenwirken, dass mancher Europäer ohne Kenntnis der Quellen und klassischen Interpretationen in Asien, sich seinen eigenen Buddhismus entwarf. Dieser war dann oft mehr Ausdruck persönlicher Vorlieben, als er Ähnlichkeit mit traditionellen Vorbildern aufwies.

Um das Projekt inhaltlich auf eine solide Basis zu stellen, besuchte Friedrich Fenzl mehr als zehn buddhistische Universitäten und Hochschulen in Japan, Thailand und Sri Lanka. Dass sich dieses Vorhaben nicht unmittelbar verwirklichen lassen würde, ahnte er zwar. Doch kam es ihm, wie bei allen seinen Aktivitäten, darauf an, einen Anfang zu setzen: "Sicherlich kann man einwenden, das sei noch 'Zukunftsmusik'. Aber einmal *muss*, wenn auch mit vorerst kleinen Schritten und Schrittchen begonnen werden!"[70]

Auch in Fragen eines buddhistisch inspirierten Gemeinschaftslebens gab Friedrich Fenzl seinen Visionen Ausdruck. Er dachte für die Zukunft "an eine modifizierte Form der früheren Großfamilie, etwa in Gestalt von 'Familienkommunen'."[71]

Intensiv beobachtete er Projekte alternativen Zusammenlebens in verschiedenen Ländern. Solche Versuche bargen ihm gegenüber dem individualistischen Weg vieler Europäer Möglichkeiten, sich in einer materialistisch geprägten Umwelt nicht nur theoretisch mit spirituellen Themen zu beschäftigen und einsam zu meditieren, sondern einander im täglichen Leben Inspiration und Korrektiv zu sein.

Auch hier war er sich bewusst, dass diese Modelle zunächst "befremdend auf viele deutsche und andere europäische Buddhisten wirken: straffe Disziplin, körperliche Arbeit, ein Kommuneleben, wie man es vielleicht in ähnlicher Weise aus Berichten über chinesische Volkskommunen oder ein israelisches Kibbuz kennt. Und doch scheint es mir irgendwie der einzige gangbare Weg, in der Welt zunehmender Individualisierung und Vereinsamung des einzelnen einerseits, der Verbürokratisierung und des staatlichen Wohlfahrtsdenkens andererseits, die Buddhalehre in einem Kreis von Gleichgesinnten, Gleichstrebenden zu verwirklichen und getreu echter Bodhisattva-Tradition für das Wohl und Heil anderer Mitwesen zu sorgen!"[72]

Es ging Friedrich Fenzl nie um die Verwirklichung aller seiner Zukunftsentwürfe innerhalb einer überschaubaren Zeit oder auch nur eines Menschenlebens. Derartige Visionen wiesen ihm vielmehr als

Leitmotive die Richtung, in der er von ihm angestoßene Projekte entwickelt sehen wollte.

Im Zentrum stand ihm die konkrete Hilfe für den Einzelnen, der ihn in einer konkreten Situation brauchte. Obwohl Friedrich Fenzl in seinem Leben Ungewöhnliches leistete, vieles anstieß und manche Impulse setzte, von denen er sicher sein darf, dass sie noch lange weiter wirken, blieb sein persönliches Ideal die Bescheidenheit auf dem spirituellen Weg. Genau in dieser Haltung darf man auch seine zentrale Botschaft sehen:

"Wir modernen westlichen Menschen nehmen alles zu selbstverständlich. In unserem Ich-Dünkel, in unserer faustischen Überheblichkeit, der scheinbaren völligen Unabhängigkeit und des präpotenten Anhaftens an unserer irdischen Allmacht, übersehen wir eine wichtige Eigenschaft echter Religiosität, die mit einem Wort umschrieben wird, das vielleicht in den Ohren vieler unserer Zeitgenossen altmodisch, aus der Mode gekommen klingen mag: nämlich Demut."[73]

Anmerkungen

1 Im Juni 2007 ergab eine Suche bei der Internet-Suchmaschine *google* nach dem Stichwort "Buddhismus" annähernd zweieinhalb Millionen, für das englische "Buddhism" knapp 18 Millionen Treffer.

2 Vgl. zur Vorgeschichte Volker Zotz: *Auf den glückseligen Inseln. Buddhismus in der deutschen Kultur*. Berlin 2000.

3 Hans Wolfgang Schumann: *Buddhismus und Buddhismusforschung in Deutschland*. Wien 1974, S. 64.

4 Friedrich Fenzl: "Wiedergeburtserinnerungen." *Mahâyâna*, No. 1 (1974), S. 5-6 [unpaginiert], hier S. 6.

5 Zur Aussiedlung Deutschstämmiger aus Böhmen vgl. Detlef Brandes: *Der Weg zur Vertreibung 1938-1945. Pläne und Entscheidungen zum "Transfer" der Deutschen aus Polen und der Tschechoslowakei*. München 2001; Peter Glotz: *Die Vertreibung - Böhmen als Lehrstück*. München 2003.

6 Friedrich Fenzl: "'Offene Antwort' auf einen 'Offenen Brief'." *Octopus Information*, No. 3 (Juni 1973), S. 65-73, hier S. 65.

7 Subhádra Bhikshu: *Buddhistischer Katechismus. Zur Einführung in die Lehre des Buddha Gotama. Nach den heiligen Schriften des Südlichen Buddhismus zum Gebrauche für Europäer zusammengestellt und mit Anmerkungen versehen*. Braunschweig 1888 (14. Auflage Leipzig 1921).

8 Anton Kropatsch kam durch den Berliner Arzt und Erbauer des ersten buddhistischen Tempels in Deutschland Paul Dahlke (1865-1928) zur Beschäftigung mit dem Buddhismus. Zu Dahlke vgl. Volker Zotz: *Auf den glückseligen Inseln*, S. 156-167. Kropatsch ist Autor der Bücher *Die letzte Freiheit des Menschen. Buddhas Lehre vom Nicht-Selbst*. Büdingen-Gettenbach 1957 und *Wiedergeburt und Erlösung in der Lehre des Buddha*. Gelnhausen 1963.

9 Zitat des Teilnehmers Helmut Klar in Martin Baumann (Hg): *Helmut Klar. Zeitzeuge zur Geschichte des Buddhismus in Deutschland*. Konstanz 1995 (Universität Konstanz. Arbeitsbereich Entwicklungsländer/Interkultureller Vergleich. Forschungsprojekt 'Buddhistischer Modernismus'. Forschungsberichte 11), S. 109.

10 Diese biografischen Angaben folgen einem Brief Fritz Hungerleiders vom 17. Oktober 1983 an den Verfasser. - Für weitere Informationen vgl. die spirituelle Autobiografie Hungerleiders *Mein Weg zur Mystik* (Wien 1988) und die Würdigung von Erich Skrleta: "Prof. Fritz Hungerleider. Ein Nachruf." *Ursache & Wirkung*, 24 (Frühjahr 1998), S. 40-41.

11 Friedrich Fenzl: "Some Aspects of Shin Ethics in a Modern European Society." *The Pure Land*, (New Series) No. 3 (1986), S. 29-34, hier S. 30.
12 Friedrich Fenzl: "Meine buddhistische Jugend im Österreich der fünfziger und sechziger Jahre." Martin Baumann: *Helmut Klar*, S. 90-94, hier S. 91.
13 Hans Haas: *"Amida Buddha unsere Zuflucht"*. Urkunden zum Verständnis des japanischen Sukhâvatî-Buddhismus. Leipzig 1910 (Religionsurkunden der Völker, Abteilung II, Band I).
14 Zu Shinran und seiner Lehre vgl. Volker Zotz: *Der Buddha im Reinen Land. Shin-Buddhismu in Japan.* (2. erweiterte Auflage Luxembourg, Kairos Edition, 2008).
15 Hans Haas, *Amida Buddha*, S. 18.
16 Horst Butschkus: *Luthers Religion und ihre Entsprechung im japanischen Amida-Buddhismus*. Emstetten 1940. - Friedrich Heiler: *Die Religionen der Menschheit in Vergangenheit und Gegenwart*. Stuttgart 1959.
17 Vgl. Fritz-Günter Strachotta: *Religiöses Ahnen, Sehnen und Suchen. Von der Theologie zur Religionsgeschichte. Heinrich Friedrich Hackmann 1864-1935*. Für den Druck überarbeitet von Christine Wackenroder. Frankfurt am Main u.a. 1997 (Studien und Texte zur Religionsgeschichtlichen Schule II).
18 Heinrich Hackmann: *Laien-Buddhismus in China. Das Lung shu Ching t'u wên des Wang Jih hsiu*. Gotha/Stuttgart 1924, S. 16.
19 Zu Rennyo vgl. Volker Zotz: "Rennyo nach 500 Jahren. Zur Aktualität eines buddhistischen Meisters der Muromachi-Zeit." *Nachrichten der Gesellschaft für Natur- und Völkerkunde Ostasiens/Hamburg. Zeitschrift für Kultur und Geschichte Süd- und Ostasiens* 163-164 (1998), S. 5-21.
20 Kôshô Ohtani: *Dankbarkeit*. Vortrag 1954. [Unveröffentlichtes Manuskript, Archiv des Verfassers].
21 S.H. Fürst-Patriarch Kôsho Ohtani: *Der Glaube der Jôdo-Shinshû*. Übersetzt von Harry E. Pieper. Herausgeber und Verleger: Ing. Franz Zouzelka. Wien o.J. [1956].
22 Zu Harry Pieper vgl. *The Pure Land*, 2 (1980), No. 1 mit Beiträgen von Friedrich Fenzl, Osamu Yamada, Takeo Ashizu, Valentin von Maltzan, Jack Austin, Eine Lebensskizze und ein Verzeichnis der Schriften Piepers findet sich bei Hellmuth Hecker: *Lebensbilder deutscher Buddhisten. Ein bio-bibliographisches Handbuch*. Band II: Die Nachfolger. Konstanz 1977 (Universität Konstanz. Arbeitsbereich Entwicklungsländer/Interkultureller Vergleich. Forschungsprojekt 'Buddhistischer Modernismus'. Forschungsberichte 14), S. 257-260. - Jean Eracle: *Reverend Harry Pieper und die Anfänge des Shin-*

Buddhismus in Europa. Aus dem Französischen übersetzt von Alexander Schrott. [Buddhistische Gesellschaft Jôdo-Shinshû der Schweiz] o. O. 1998.
23 Friedrich Fenzl: "Erinnerungen an einen Freund." *The Pure Land*, 2 (1980) No. 1, S. 2-5, hier S. 2.
24 Zu Lama Anagarika Govinda und dem Ârya Maitreya Mandala vgl. Volker Zotz: *Auf den glückseligen Inseln*, S. 193-201.
25 Masao Fukushima: *Die Freiheit und der Glaube. Über die innere Freiheit im Buddhismus*. [Übersetzung: Osamu Yamada] Freiburg im Breisgau und München 1956, S. 39-40. Japanische Originalausgabe: *Kindaishisô to Shinkô*. Kyôto 1952.
26 Lily M. Horio: "My Final Tribute to Rev. Harry Pieper." *The Pure Land*, 2 (1980) No. 1, S. 44-46, hier S. 45.
27 Valentin von Maltzan: "Mein Freund und Lehrer, Harry Pieper." *The Pure Land*, 2 (1980) No. 1, S. 23-26, hier S. 26.
28 Jack Austin: "Harry Pieper - Pioneer of Shin Buddhism in Europe. A Personal Tribute." *The Pure Land*, 2 (1980) No. 1, S. 32-36, vgl. hier S. 33. - Zum Zitat Piepers über den Besuch der Sonntagsmesse vgl. Wolfgang Tuschy: "'Bücherbuddhismus' - oder was?" *Die fliegenden Blätter. Offenes Forum und Mitteilungsblatt der Buddhistischen Gemeinschaft Jôdo Shinshû in Deutschland*, No. 1, Mai 1993, S. 4-5 [unpaginiert], hier S. 5.
29 Neben *Der Glaube der Jôdo Shinshû* von Kôshô Ohtani (vgl. Anm. 21) sind hier vor allen Ryuchi Fujii: *Die wahre Bedeutung des Buddhismus* (Kyôto: Honpa Hongwanji Press 1957) sowie *Buddhistische Religion. Die Grundlehren der Jôdo Shinshû* (Kyôto: Honpa Hongwanji Press 1959) hervorzuheben. Pieper, der beruflich Dolmetscher für die englische Sprache war, bereitete weitere Publikationen vor. Die "Übersetzung von 'Shinshû Seiten' ist in Arbeit; sie wird sich aber ziemlich lange hinziehen, da es sich um ein umfangreiches Werk handelt, und ferner, da jeder, der mir bei der Arbeit hilft, doch in erster Linie seine beruflichen Verpflichtungen hat." (Brief Harry Piepers vom 21. Januar 1973 an den Verfasser.)
30 Ryuchi Fujii: *Die wahre Bedeutung des Buddhismus*, S. 39-41.
31 *Buddhistische Andachten und Feiern. (Deutsches Formular)*. Kyoto: Honpa Hongwanji Press o.J. [Vorwort von Harry Pieper vom "Juni 1958"], S. 11.
32 Osamu Yamada: "Rev. Pieper and the Tannisho." *The Pure Land*, 2 (1980) No. 1, S. 8-16, vgl. hier S. 10.
33 Friedrich Fenzl: "Shin-Buddhismus. Eine soziale Religion für unsere Zeit." *Bodhi Baum. Zeitschrift für Buddhismus*, 5 (1980) No. 4, S. 148-152, hier S. 152.
34 Friedrich Fenzl, Brief an den Verfasser vom 2. Dezember 1984.

35 Vgl. Friedrich Fenzls Erinnerung an Shôken Yamasaki im Gedächtnisband *One Encounter, Once in a lifetime. To the Memory of the late Rev. Prof. Shoken Yamasaki.* Kyôto 1990, S. 15-16.
36 Friedrich Fenzl: "'Buddhismus in Winnipeg' - Rev. Tak Moriki und seine Tempelgemeinde." *Mahâyâna,* 3 (1974), S. 3-5 [unpaginiert].
37 Shôken Yamasaki: *The Nembutsu Way.* Kyôto 1987, S. 48.
38 Zu Shôken Yamasakis Leben und Werk vgl. Anm. 35.
39 Shôken Yamasaki: "Die Kostbarkeit des Lebens." *Damaru,* No. 12 (Heft 2/1989), S. 23-27, hier S. 25.
40 Friedrich Fenzl: "Some Aspects of Shin Ethics in a Modern European Society", S. 33.
41 Das Büchlein erschien 1977: *Tannishô. Das Büchlein vom Bedauern des Abweichenden Glaubens.* Übersetzt von Michio Sato. Kyoto: Honpa Hongwanji 1977. Im Buch wurde kein Hinweis auf Friedrich Fenzls Mitwirken angebracht.
42 Die Reiseeindrücke gibt ein Brief Friedrich Fenzls an den Verfasser vom 5. Oktober 1982 wieder.
43 Friedrich Fenzl in einem Brief an den Verfasser vom 3. Oktober 1983.
44 *Tannishô. Das Büchlein vom Bedauern des Abweichenden Glaubens,* S. 13.
45 *Mattôshô,* Brief 20.
46 Lama Anagarika Govinda: *Schöpferische Meditation und multidimensionales Bewusstsein.* Freiburg im Breisgau 1977, S. 249.
47 Vgl. Fritz Hungerleider: "Offener Brief an den Herausgeber der World Fellowship of Buddhists Review." *Octopus Information,* No. 1 (1972), S. 1-8.
48 *Kakacûpanasutta (Majjhimanikâya* 21).
49 *Vyagghapajjasutta (Anguttaranikâya* VIII, 54).
50 Friedrich Fenzl: "'Offene Antwort' auf einen 'Offenen Brief'", S. 67-68.
51 Friedrich Fenzl, "'Offene Antwort' auf einen 'Offenen Brief'", S. 67.
52 Friedrich Fenzl, "'Offene Antwort' auf einen 'Offenen Brief'", S. 68-69.
53 Friedrich Fenzl, "Buddhismus und Vegetariertum." *Bodhi Baum. Zeitschrift für Buddhismus,* 13 (1988), Heft 1/2, S. 93-96, hier S.93.
54 Friedrich Fenzl, "Buddhismus und Vegetariertum", S. 95.
55 Friedrich Fenzl: "Buddhismus und Umweltschutz." *Amida,* No. 4 (Frühjahr 1982), S. 4-8, hier S. 5.
56 Friedrich Fenzl: "Der Buddhist und die Frage der Abtreibung." *Amida,* No. 3 (Dezember 1981), S. 7-12, hier S. 12.
57 "Ein herzliches Dankschreiben des Präsidenten der AKTION LEBEN Eduard Ploier und ein ausführlicher Artikel in der *Linzer Kirchenzeitung* vom

2. Juni unter dem Titel *Ein Brief von Jôdo-Shin. Buddhisten solidarisieren sich mit der 'Aktion Leben'* war das Echo auf ein Schreiben des Auslandssekretärs und Sekretärs für Österreich der BGJ/Europa, Friedrich Fenzl, an das Präsidium der 'Aktion Leben', die am 27. Mai die größte Demonstration der österreichischen Nachkriegsgeschichte veranstaltet hatte." - "Buddhisten und Katholiken in der Anti-Abtreibungsfront." *Mahâyâna*, No. 1 (1973), S. 3.

58 Friedrich Fenzl: "Eine kleine Betrachtung über Dâna." *Mahâyâna*, No. 1 (1975), S. 3-4 [unpaginiert], hier S. 3.

59 Friedrich Fenzl in einem Brief an den Verfasser vom 3. August 1978.

60 Friedrich Fenzl in einem Brief an den Verfasser vom 2. Februar 1988.

61 Friedrich Fenzl in einem Brief an den Verfasser vom 19. Juli 1983.

62 Friedrich Fenzl: "Flutkatastrophe in Bangla Desh." *Mahâyâna*, 3 (1974), [unpaginiert], S. 5.

63 Friedrich Fenzl: "Die Tragödie der Vietnam-Flüchtlinge." *Mahâyâna*, 1 (1975), [unpaginiert], S. 4.

64 Friedrich Fenzl: "The Social Meaning of Shinran's Teaching for our Time." *The Pure Land*, Vol. 4, No. 2 (1982), S. 17-24, hier S. 22.

65 Friedrich Fenzl: "Ein Leben im Bodhisattva-Geiste. Der japanische Industrielle Yehan Numata." *Amida*, No. 2 (1986), S. 12-14.

66 Friedrich Fenzl: "Shin-buddhistische Feministin und soziale Humanistin." *Amida*, No. 4 (März 1988), S. 9-10.

67 Friedrich Fenzl in einem Brief an den Verfasser vom 29. März 1983.

68 Walter Karwath: *Synarchie. Buddhistische Alternativen für Staat und Wirtschaft*. Wien 1985, S. 46.

69 Friedrich Fenzl: *Entwurf für eine buddhistische Priesterausbildung in Österreich*. 1984 [unveröffentlichtes Manuskript, Archiv des Verfassers].

70 Friedrich Fenzl in einem Brief an den Verfasser vom 18. Februar 1984.

71 Friedrich Fenzl: "Shin-Buddhismus - Eine soziale Religion für unsere Zeit." *Bodhi Baum. Zeitschrift für Buddhismus*, 5 (1980), S. 148-152, hier S. 152.

72 Friedrich Fenzl: "Buddhistisches Gemeindeleben im Westen. Eine Zenbuddhistische Gemeinschaft in Amerika. Versuch einer Sozialisierung des Buddhismus im Westen." *Mahâyâna*, No. 2 (1975), S. 2-5 [unpaginiert], hier S. 4-5.

73 Friedrich Fenzl: "Shin-Buddhismus zwischen Tradition und Fortschritt." *Mitteilungen der Buddhistischen Gesellschaft München*, (1989) Heft 1, S. 1-14, hier S. 14.

ANHANG

Den Anhang besorgte der Herausgeber

BIBLIOGRAPHIE FRIEDRICH FENZL
(AUSWAHL)

"'Offene Antwort' auf einen 'Offenen Brief'." *Octopus Information* Nr. 3 (Juni 1973), S. 65-73.

Rezension: Tervor Ling: Buddha, Marx und Gott. München 1972. *Mahâyâna*, 1 (1973), S. 2-3.

"Wiedergeburtserinnerungen." *Mahâyâna*, 1 (1974), [unpaginiert], S. 5-6.

"Buddhismus in Winnipeg' - Rev. Tak Moriki und seine Tempelgemeinde." *Mahâyâna*, 3 (1974), [unpaginiert], S. 3-5.

"Flutkatastrophe in Bangla Desh." *Mahâyâna*, 3 (1974), [unpaginiert], S. 5.

"Eine kleine Betrachtung über Dâna." *Mahâyâna*, 1 (1975), [unpaginiert], S. 3-4.

"Die Tragödie der Vietnam-Flüchtlinge." *Mahâyâna*, 1 (1975), [unpaginiert], S. 4.

"Buddhistisches Gemeindeleben im Westen. Eine Zen-buddhistische Gemeinschaft in Amerika. Versuch einer Sozialisierung des Buddhismus im Westen." *Mahâyâna*, 2 (1975), [unpaginiert], S. 2-5.

Rezension: Edward Espe Brown: Das Tassajara Kochbuch. Ein vegetarisches Kochbuch. Freiburg im Breisgau 1975. *Mahâyâna*, 2 (1975), [unpaginiert], S. 5.

"Erinnerungen an einen Freund." *The Pure Land*, 2 (1980) No. 1, S. 2-5.

"Shin-Buddhismus - Eine soziale Religion für unsere Zeit." *Bodhi Baum. Zeitschrift für Buddhismus*, 5 (1980), Heft 4, S. 148-152.

"Der Buddhist und die Frage der Abtreibung." *Amida*, No. 3 (Dezember 1981), S. 7-12.

"Deklaration über Religionsfreiheit angenommen." *Amida*, No. 3 (Dezember 1981), S. 13-16.

"Buddhismus und Umweltschutz." *Amida*, No. 4 (Frühjahr 1982), S. 4-8.

"The Social Meaning of Shinran's Teaching for our Time." *The Pure Land*, Vol. 4, No. 2 (1982), S. 17-24.

"Some Aspects of Shin Ethics in a Modern European Society." *The Pure Land*, (New Series) No. 3 (1986), S. 29-34.

"Ein Leben im Bodhisattva-Geiste. Der japanische Industrielle Yehan Numata." *Amida*, No. 2 (1986), S. 12-14.

"Einige Aspekte der Shin-Ethik in einer modernen europäischen Gesellschaft." *Amida*, No. 3 (1986), S. 2-6.

"Der buddhistische 'Apostel' von Russland und Sibirien. Vor 25 Jahren starb Karlis A. Tennissons." *Amida*, No. 1 (Juni 1987), S. 13-15.

"Buddhismus und Vegetariertum." *Bodhi Baum. Zeitschrift für Buddhismus*, 13 (1988), Heft 1/2, S. 93-96.

"Shin-buddhistische Feministin und soziale Humanistin. Vor 60 Jahren starb die Gründerin der buddhistischen Weltfrauenbewegung, Lady Takeko Kujo." *Amida*, No. 4 (März 1988), S. 9-10.

"Shin-Buddhismus zwischen Tradition und Fortschritt." *Mitteilungen der Buddhistischen Gesellschaft München*, (1989) Heft 1, S. 1-14.

"Makrobiotische Ernährung - gesundheitsschädlich!" *Rundbriefe "Buddhismus heute"*, No. 1 (August 1989), S. 9-10.

"Buddha unterm 'Lichterbaum'. Eine Betrachtung zu einem jahreszeitlich aktuellen Anlass." *Rundbriefe "Buddhismus heute"*, No. 2 (Dezember 1989), S. 9-13.

"Empfängnisverhütung." *Rundbriefe "Buddhismus heute"* No. 3 (Oktober 1990), S. 6-8.

"Verfolgte Buddhisten. Der Chittagong Hill Konflikt in Bangladesh." *Rundbriefe "Buddhismus heute"*, No. 3 (Oktober 1990), S. 9-10.

"This morning I learnt [...]" *One Encounter, Once in a lifetime. To the Memory of the late Rev. Prof. Shoken Yamasaki*. Kyôto (International Association of Buddhist Culture), 1990, S. 15-16.

"Das Problem des 'Sextourismus' in Thailand." *Rundbriefe "Buddhismus heute"*, No. 4 (März 1991), S. 11-13.

"Weltgefahr Islam?" *Rundbriefe "Buddhismus heute"*, No. 4 (März 1991), S. 13-21.

"Ist das Weltall zyklisch?" *Rundbriefe "Buddhismus heute"*, No. 5 (November 1991), S. 18.

"War Columbus chinesischer Buddhist? Eine interessante Hypothese im 'Columbus-Jahr.'" *Rundbriefe "Buddhismus heute"*, No. 6 (Mai 1992), S. 13-15.

"Die soziale Bedeutung der Lehre Shinrans für unsere Zeit." *Amida*, No. 6 (Winter 1992), S. 1-3.

Rezension: Martin Baumann: Deutsche Buddhisten. Geschichte und Gemeinschaften. Marburg 1993. *Amida*, No. 1 (Frühjahr 1993), S. 12-13.

Rezension: John Stevens: Lust und Erleuchtung. Sexualität im Buddhismus. *Amida*, No. 1 (Frühjahr 1993), S. 14-15.

"Meine buddhistische Jugend im Österreich der fünfziger und sechziger Jahre." Martin Baumann (Hg): *Helmut Klar. Zeitzeuge zur Geschichte des Buddhismus in Deutschland.* Konstanz 1995 (Universität Konstanz. Arbeitsbereich Entwicklungsländer/Interkultureller Vergleich. Forschungsprojekt 'Buddhistischer Modernismus'. Forschungsberichte 11), S. 90-94.

"Die Stellung der Frau im Shin-Buddhismus." *Ursache & Wirkung. Zeitschrift für Buddhismus*, No. 16 (Frühjahr 1996), S. 26-27.

"Hochhäuser, Tempel und Palmen - Eine Reise in das buddhistische Singapur." *Ursache & Wirkung. Zeitschrift für Buddhismus*, No. 27 (Winter 1999), S. 60-63.

Buddhistische Gemeinschaft Salzburg

Die Buddhistische Gemeinschaft Salzburg (BGS) ist in Stadt und Land Salzburg seit 4. Juni 1977 als eingetragener Verein aktiv. Die von Myôshin-Friedrich Fenzl gegründete Gemeinschaft war in Österreich die erste buddhistische Vereinigung außerhalb Wiens.

In vielfältiger Weise waren Fenzl und andere aktive Mitglieder der Gemeinschaft am Aufbau buddhistischer Strukturen, an der staatlichen Anerkennung 1983 und an der Verbreitung des Dharma in Österreich beteiligt. Auch die Vernetzung buddhistischer Organisationen in Europa war stets ein Anliegen der BGS. Dies kommt auch darin zum Ausdruck, dass die Gemeinschaft 1993 Gastgeberin des Jahreskongresses der Europäischen Buddhistischen Union (EBU) in Hallein war. Kurt Krammer, der Vorsitzende der Gemeinschaft, ist derzeit Vizepräsident der EBU.

Die traditionsübergreifende BGS wurde verstärkt seit der Übersiedlung in das neue Zentrum in der Lehenerstraße (1998) zum gemeinsamen Dach für unterschiedlich praktizierende Gruppen (wie Jôdo Shinshû, Theravâda, Zen, Intersein, Tibetischer sowie Vietnamesischer Buddhismus) und für Einzelpersonen ohne Gruppenzugehörigkeit. Neben deklarierten Buddhisten kommen regelmäßig Menschen, die am Buddhismus interessiert sind, zu den Meditationsabenden, Präsentationen und sonstigen Veranstaltungen.

Heute gibt es eine Gemeinschaft von etwas über 50 Aktiven und einen Kreis von 100-200 Menschen, die regelmäßig oder gelegentlich das Zentrum besuchen, um zu meditieren, Vorträge zu hören oder interreligiöse Gespräche zu führen, womit nur einige der Aktivitäten genannt sind. Das Leitungsteam der BGS wird alle drei Jahre demokratisch gewählt. Die Mitglieder sind um einen partizipatorischen und kooperativen Arbeitsstil bemüht.

Mönche, Nonnen sowie andere Lehrerinnen und Lehrer des Buddhismus werden zu Vorträgen und Belehrungen bzw. zum Leiten von meditativen Tage eingeladen. Religionswissenschaftler und Vortragende aus anderen Bereichen (Medizin, Psychologie, Pädagogik) finden hier ein aufmerksames Publikum. Eine stetig wachsende Bibliothek steht den Studiengruppen, aber auch den regelmäßigen Besuchern zur Verfügung. Seit 15 Jahren erscheint das Mitteilungsblatt des Vereins *Buddhistischer Rundbrief Salzburg*, und seit 10 Jahren ist die Website das Aushängeschild, das vielen Interessierten den Weg in die Gemeinschaft zeigt.

Als Konsequenz der traditionsübergreifenden Struktur ist die BGS sehr am intra-buddhistischen Dialog in Österreich und Europa interessiert. Als Mitglied der Europäischen Buddhistischen Union sucht sie dort insbesondere den Kontakt und Erfahrungsaustausch mit anderen buddhistischen Gruppen, die traditionsübergreifend organisiert sind und sich dem intra-buddhistischen Dialog widmen.

Natürlich nehmen Mitglieder der BGS auch intensiv an Veranstaltungen des interreligiösen Dialogs in der Region teil.

Die Kooperation mit der Österreichischen Buddhistischen Religionsgesellschaft soll 2007 durch den beabsichtigten Beitritt der BGS als Mitgliedsgemeinschaft in diesem österreichischen Dachverband noch intensiviert werden.

Eine Feier zum dreißigjährigen Bestehen der BGS im Mai 2007 fand mit dem gemeinsamen Auftreten aller buddhistischen Gruppen der Region nicht nur einen großen öffentlichen Wiederhall, sondern auch Anerkennung durch eine Grußbotschaft des Bundespräsidenten und durch Vertreter anderer Religionsgemeinschaften.

www.buddhismus-salzburg.org

Buddhistisches Religionspädagogisches Institut der Österreichischen Buddhistischen Religionsgesellschaft

Das Buddhistische Religionspädagogische Institut (BRPI) wurde 2001 zum Zweck der österreichweiten Fortbildung der buddhistischen Religionslehrerinnen und Religionslehrer als Privatschule der Österreichischen Buddhistischen Religionsgesellschaft mit dem Standort in Salzburg errichtet. Es erfüllt auch die Aufgaben einer Religionspädagogischen Akademie zur Ausbildung von Lehrern für das Fach Buddhistische Religion an öffentlichen Schulen Österreichs.

Seit dem Sommersemester 2002 läuft der reguläre Seminarbetrieb, der nicht nur buddhistische Lehrerinnen und Lehrer aus dem gesamten Bundesgebiet miteinander in Kontakt bringt, sondern sich auch zu einem Forum des intra-buddhistischen Dialogs von Vertretern der unterschiedlichen buddhistischen Traditionen entwickelt hat. Die Zusammenkünfte der Lehrer, die Schüler aller Altersstufen (6-19 Jahre) in einer großen Bandbreite von Schultypen unterrichten, dienen zugleich der Qualitätssicherung des buddhistischen Religionsunterrichts in Österreich.

Neben den grundlegenden Texten des Pâli-Kanon und des Mahâyâna behandeln die Seminare die Biographien und Schriften der Meister, die Geschichte und Ausbreitung des Buddhismus, Ethik, die Weltreligionen, sowie pädagogische, didaktische und methodische Fragen des Religionsunterrichts.

Der buddhistische Religionsunterricht, der auf der Basis der 1983 erfolgten staatlichen Anerkennung des Buddhismus in Österreich für alle Schüler mit buddhistischem Bekenntnis und als Freifach für interessierte Schüler ohne Bekenntnis angeboten wird, folgt einem für ganz Österreich verbindlichen Lehrplan.

Im Schuljahr 1993/94 wurde erstmals in Wien, Graz und Salzburg buddhistischer Religionsunterricht abgehalten. Seither wurde der Unterricht auf alle Bundesländer ausgedehnt und je nach Bedarf angeboten. Zwei Fachinspektoren für buddhistische Religion besorgen die entsprechende Schulaufsicht. Immer wieder beeindrucken die Kenntnisse der Kandidaten, die Buddhistische Religion als Fach der mündlichen Reifeprüfung zum Abschluss einer höheren Schulausbildung wählten.

Neben Seminaren im BRPI in Salzburg, in buddhistischen Zentren und anderen Seminarhäusern wird die Fortbildung auch unter Nutzung neuer kommunikativer Medien organisiert.

Ein Seminarangebot für Lehrer anderer Schulfächer, wie Geschichte und Ethik, sowie für Lehrer anderer Religionsgemeinschaften ergänzt das Programm des BRPI.

www.dharma.at

Europäische Buddhistische Union
European Buddhist Union

Die 1975 in Paris gegründete Europäische Buddhistische Union (EBU) ist eine Dachorganisation buddhistischer Organisationen, Zentren und Gruppen in Europa. Als Vereinigung ist die EBU offen für Buddhistinnen und Buddhisten aller Schulen und Traditionen. Ihr prinzipielles Ziel ist die Förderung der freundschaftlichen Zusammenarbeit sowie der Treffen und Kontakten zwischen den Mitgliedern. In dieser Funktion unterstützt die EBU den natürlichen Wachstumsprozess des Buddhismus in Europa.

Beim jährlich abgehaltenen Treffen (Annual General Meeting) der EBU kommen Delegierte aus zahlreichen europäischen Ländern zusammen, derzeit mehr als 30 Migliedsgemeinschaften aus 14 Ländern, um einen Gedankenaustausch zu pflegen, voneinander zu lernen, die Zusammenarbeit zwischen den Buddhistischen Gruppen in Europa zu fördern und Kooperationsprojekte ins Leben zu rufen.

Als Resultat seiner sehr pragmatischen Einstellung gegenüber dem spirituellen Weg hat der Buddhismus in Asien über Jahrhunderte hinweg einen breiten Fächer verschiedener Traditionen entwickelt, die sich mit den jeweiligen Kulturen verbunden haben. Diese Vielfalt spiegelt sich nun auch in Europa wieder, weil hier die meisten buddhistischen Organisationen mit spirituellen Lehrern in Kontakt sind, die aus Ländern Asiens kommen. In den letzten Jahren wurden wir allerdings Zeugen einer Entwicklung, die eine Anzahl westlicher Lehrer hervorbrachte und noch hervorbringt, wie auch das Erscheinungsbild vieler Organisationen eher westlich und europäisch prägt. Somit zeigt sich der Buddhismus auch in Europa als sehr lebendige Tradition.

Im heutigen Europa ist der Buddhismus nicht nur wegen der Anzahl seiner Bekenner von Bedeutung (Schätzungen liegen zwischen 1 und 3 Millionen), sondern auch wegen seiner Ausstrahlung auf das spirituelle Leben, die Kultur und die Wissenschaft. Auf einem Kontinent, der sich zusehends den spirituellen Möglichkeiten öffnet, ist der Buddhismus für viele attraktiv geworden. Dies liegt an seiner Betonung des persönlichen Bemühens und nicht zuletzt am Angebot einer fundierten spirituellen Praxis der Meditation in ihren klassischen und zeitgemäß angepassten Formen. Gleichzeitig steigt das profunde Interesse an akademischen Aspekten des Buddhismus und der Buddhismuskunde. Derart hat der Buddhismus in seinen zahlreichen und unterschiedlichen Aspekten im heutigen Europa vieles anzubieten.

In den mehr als dreißig Jahren ihres Bestehens war die EBU Zeuge und Motor einer Entwicklung der wachsenden Verbundenheit der Buddhisten untereinander und der fruchtbaren Zusammenarbeit ihrer Organisationen. Dies wurde intensiviert durch jährliche Treffen, internationale Kongresse, gemeinsame Projekte und elektronische Vernetzung. Die jährlichen Hauptversammlungen als regelmäßige Stätten der Begegnung wurden von den Delegierten der Mitgliedsorganisationen sowie zahlreichen Gästen und Beobachtern immer als besonders nützlich und ertragreich empfunden.

Internationale EBU-Kongresse wurden in Paris (1979 and 1988), Turin (1984) und Berlin (1992) abgehalten. Der Kongress in Paris 1988, die größte europäische Konferenz von Buddhisten bis dato, hatte sich dem Bild des Buddhismus in der Öffentlichkeit gewidmet.

Der Berliner Kongress war fast ausschließlich der Frage der Vermittlung des Buddhismus gewidmet. Er wies eine ausgewogene Liste von acht sehr bekannten und allseits geschätzten Persönlichkeiten auf, die die Buddhalehre vorwiegend in Europa verbreiten. Das Echo in der Öffentlichkeit und den Medien auf diesen Kongress mit dem Titel "Einheit in der Vielfalt" war sehr positiv. Mit 2000 Besuchern war er einer der erfolgreichsten.

Weitere Jahrestreffen fanden in Jägerndorf (Deutschland, 2004) in Stettin (Polen, 2005) und Barcelona (Spanien, 2006), jeweils gemeinsam mit dem von der EBU unterstützten Treffen des Netzwerks

Buddhistischer LehrerInnen in Europa (BTE) statt, das dem Erfahrungs- und Gedankenaustausch buddhistischer Lehrerpersönlichkeiten dient.

Zudem ist die EBU bestrebt, an internationalen und nationalen Veranstaltungen, die von buddhistischen Gruppen und Organisationen veranstaltet werden, teilzunehmen.

Schließlich repräsentiert die EBU den europäischen Buddhismus gegenüber anderen buddhistischen (World Fellowship of Buddhists) und nicht-buddhistischen Organisationen, zum Beispiel dem Europäischen Parlament, der UNESCO, deren Mitglied sie ist, und Organisationen des interreligiösen Dialogs.

www.e-b-u.org

Kômyôji - Eurasischer Humanismus & Interkulturelle Philosophie

Das japanische Wort *Kômyôji* - etwa "Tempel des klaren Lichts" - steht für ein interkulturelles Projekt der Begegnung von Ost und West. Licht ist ein universelles Symbol der Erkenntnis. Entsprechend wird Kômyôji als geistiger Ort einer schöpferischen Auseinandersetzung mit den großen geistigen Traditionen Asiens und Europas verstanden. In der Phase des Zusammenwachsens der Welt sollen hier zukunftweisende Einsichten für den Umgang mit individuellen und gesellschaftlichen Problemen vermittelt werden.

"Nachdem die wirtschaftliche Globalisierung nicht aufhaltbar ist, muss ihr eine solche des Geistes und der Werte entgegengesetzt werden, der sie als permanenter Widerspruch - wie ein bohrender Stachel im Fleisch - begleitet und relativiert. Eine wissenschaftliche 'interkulturelle Philosophie', die beim Behandeln ihrer Gegenstände nichts Erwägenswertes aufgrund seiner geografischen oder traditionellen Herkunft ausklammert, mag hierzu einen hilfreichen Beitrag leisten. Doch geht es um weit mehr als eine akademische Disziplin.

Als wesentlicher Schritt auf dem Weg zu einer Globalisierung des Geistes wird *eurasischer Humanismus* notwendig, der aus dem Dialog der bedeutenden Traditionen menschlichen Bewusstwerdens in Asien und Europa eine transkulturelle Perspektive ermöglicht. Dieser Humanismus zielt weniger nach systematischer Konsistenz, obgleich ein schlüssiges Ordnen des zur Verfügung stehenden Stoffs seiner Sache nicht abträglich wäre. Doch über ein rein intellektuelles Aneignen des in anderen Kulturkreisen Verwirklichten hinaus bedarf es dessen existenzieller Integration. Der Dialog der Kulturen muss zum inneren Ereignis werden, das eine Bewusstheit hervorbringt, die eine der zusammenwachsenden Welt gemäße Orientierung erlaubt."

"Es bedarf heute einer *interkulturellen Spiritualität*, wie sie aus der Begegnung der religiösen Überlieferungen Asiens und Europas entstehen kann. Das jüdisch-christliche Erbe des Abendlandes und das geistige Erbe Süd- und Ostasiens - wie der Buddhismus, Daoismus, Shintô und die spirituellen Wege Indiens - erfahren dabei im Licht jeweils anderer Traditionen ihre spezifischen Charakteristika in vertiefter Weise. Das Erkennen von Gemeinsamkeiten und Differenzen ermöglicht zudem eine gegenseitige inhaltliche und methodische Anregung, die im Respekt vor der Würde jeder einzelnen Tradition bewusst Eklektizismen, Synkretismen und äußerliches Gleichsetzen meidet."

Aus dem für Kômyôji programmatischen Buch *Konfuzius für den Westen. Neue Sehnsucht nach alten Werten* von Volker Zotz (Frankfurt am Main: O.W. Barth Verlag 2007).

Kômyôji wurde am 7. August 1994 in Wien auf Initiative von Volker Zotz gegründet. Impulse dazu kamen zuvor unter anderem von Lama Anagarika Govinda (1898-1985) und aus der japanischen Tradition der Jôdo Shinshû. Kôshô Ohtani, der 23. Abt des Nishi Honganji, war beim Festakt der Gründung in Wien anwesend.

Ursprünglich auf ein Studium buddhistischer Philosophie und die indischen, chinesischen und japanischen Grundlagen der Jôdo Shinshû konzentriert, entwickelte sich Kômyôji zunehmend zu einer Plattform der geistigen Begegnung von Ost und West. Kômyôji bietet inzwischen Schulungen in Traditionen des Buddhismus, Konfuzianismus und anderen der philosophischen und spirituellen Traditionen Asiens.

Zu den Aktivitäten und Studienangeboten von Kômyôji sind Menschen ungeachtet ihrer religiösen Zugehörigkeit und Überzeugung willkommen.

www.komyoji.at

Bildnachweise

© **Kurt Krammer**, Salzburg: S. 2 (unten), 8, 15, 40, 48, 52, 66, 71

Archiv **Buddhistische Gemeinschaft Salzburg**: S. 56 (oben), 60, 62

Archiv **Volker Zotz**: S. 2 (oben), 22, 28, 36 (oben) [Foto: © **Li Gotami Govinda**,] 56 (unten)

Archiv **Kairos Edition**, Koerich (Luxembourg): Cover, S. 16, 26

Kôshô Ohtani, Honpa Hongwanji, Kyôto (Japan): S. 32, 44, 50

Foto: **Kôshô Yamamoto**, © The Karinbunko, Ube, Yamaguchi-ken (Japan): S. 36

International Association of Buddhist Culture, Kyôto (Japan): S. 46

Ein Buch des bedeutenden japanischen Religionsphilosophen

Takamaro Shigaraki

**Sogar der Gute wird erlöst,
um wie viel mehr der Böse**
Der Weg des
buddhistischen Meisters Shinran

KairosEdition - Luxembourg

Paperback ISBN 2-9599829-2-4
Hardcover ISBN 2-9599829-3-2

"Wie einfach und schwierig zugleich: Sehen, dass mein Ich-Sein als Mensch das gleiche ist wie das Fels-Sein des Felsens, das Baum-Sein des Baumes und das Blume-Sein der Blume. Ich bin nicht getrennt von all diesen, bin nicht verschieden vom Wassertropfen, der im Strom fließt, als Regen fällt, im Nebel wallt, im Zapfen gefriert, im gewaltigen Ozean wogt, oder als kleinstes Teilchen einer sich stets wandelnden Wolke an einem fernen Horizont vorüberzieht. In einer Welt zu leben, in der alle Objekte als Subjekte gleichwertig sind, heißt im Land des Buddha sein."

Takamaro Shigaraki

"... eine von Volker Zotz in gut lesbares Deutsch übertragene Abhandlung des ehemaligen Rektors der Ryûkoku-Universität in Kioto, Takamaro Shigaraki, in der dieser das Werk des buddhistischen Meisters Shinran vorstellt und erläutert. [...] gleichwohl kann man das Werk auch als eine allgemeine Einführung in den Buddhismus lesen." **Luxemburger Wort** 30.09.2004

"Dies alles erfährt der Leser dieses Buches aus erster Hand, von einem authentischen 'Insider', einem der führenden Buddhologen Japans, einem Tempel-Vorsteher, dem Sohn eines buddhistischen Priesters. Takamaro Shigaraki ist durch seine "existentialistische" Interpretation der Lehren Shinrans besonders bei jungen Intellektuellen beliebt, geriet durch sie aber öfter in Konflikte mit der "Hierarchie", was jedoch kein Hindernis darstellte, dass er zum Rektor der berühmten Ryûkoku-Universität in Kyoto gewählt wurde ..."

Wilhelm Maas in der Zeitschrift **Novalis**, Dezember 2004

www.kairos.lu

Zweite stark erweiterte Auflage Frühjahr 2008

Volker Zotz

Der Buddha im Reinen Land
Shin-Buddhismus in Japan.

KairosEdition ISBN 2-9599829-7-5

Stimmen zur ersten Auflage:

"Zotz' Buch schließt endlich eine schon lange offene Lücke! […] Bewundernswert ist, wie es Zotz immer wieder gelingt, komplizierteste Sachverhalte (z. B. das Problem des Verhältnisses von Hingeburt und Rückkehr aus dem Reinen Land oder das Verhältnis von logischer Dialektik und devotionaler Frömmigkeit im Mahâyâna-Buddhismus) in wenigen Sätzen auf schlichte Art darzulegen, so daß es demjenigen Leser, der mit den Fragen der Shin-Interpretation nicht vertraut ist, überhaupt nicht auffallen dürfte, mit welcher Eleganz und Leichtigkeit er hier gerade in die schwierigsten Aussagen des Shin-Buddhismus eingeführt wird. […] Auch wenn Zotz auf die Frage des Verhältnisses zwischen Jôdo-Shin und Christentum nicht explizit eingeht, werden doch auf solche Weise jene in den Mauern zwischen Christentum und Buddhismus versteckten Tore sichtbar gemacht, deren Öffnung für beide Seiten den Zutritt zu ungeahnten geistlichen Reichtümern ermöglicht."

Perry Schmidt-Leukel
Münchner Theologische Zeitschrift 43, 1992

"Zotz beherrscht es meisterlich, schwierige Zusammenhänge in schlichten Worten darzulegen. Das unterscheidet das Buch wohltuend von den oft trockenen, umständlichen Ausführungen wissenschaftlicher Fachliteratur und macht seine Lektüre zu einem angenehmen Vergnügen. Doch Zotz wird nirgendwo flach […] Vielmehr zeichnet sich seine Arbeit auch durch eine hohe Akkuratesse in der Sache aus. Und zu einigen wichtigen Fragen hinsichtlich der Entstehung und Ausprägung der Vorstellung von Buddhaländern, sowie der damit verknüpften Meditationspraxis, bietet er dem Leser einen Einblick in den neuesten Stand der wissenschaftlichen Forschung. […] Mit dieser Perspektive […] leistet der Shin-Buddhismus einen eminent wichtigen Beitrag zum gegenwärtigen Ringen um eine Spiritualität, die den Herausforderungen, Chancen und Gefahren unserer modernen Welt gleichermaßen angemessen ist. Und es ist kein geringes Verdienst, daß Zotz mit seinem Buch nun eine größere Öffentlichkeit auf diesen Beitrag des Shin aufmerksam gemacht hat."

Bodhi Baum. Zeitschrift für Buddhismus Heft 2, 1992